Callwey

Mit einem Vorwort
von Manfred Sack

Dieter Hoor/Holger Reiners

ALTE BAUTEN NEUES WOHNEN

Beispiele und Ideen für die Umnutzung

Callwey

Dank

Allen Architekturbüros und ihren Mitarbeitern, den Bauherren und den Fotografen sei an dieser Stelle noch einmal ganz herzlich für ihr umfangreiches Engagement gedankt.
Ohne das große Interesse, die freudige Mitarbeit und die Großzügigkeit aller Beteiligten hätte dieses Buch nicht entstehen können.
Frau Ingke Sieh hat die Mühe auf sich genommen, alle eingereichten Planunterlagen für das Buch noch einmal neu zu zeichnen. Auch hierfür sagen wir im Namen aller beteiligten Architekten unseren herzlichen Dank.

CIP-Titelaufnahme der Deutschen Bibliothek
Hoor, Dieter:
Alte Bauten – Neues Wohnen: Beispiele und Ideen für die Umnutzung / Dieter Hoor; Holger Reiners. – München: Callwey, 1990
ISBN 3-7667-0967-4
NE: Reiners, Holger:

Umschlaggestaltung Baur + Belli Design, München, unter Verwendung der Abbildung 210,
Foto Klaus Frahm, Hamburg
Lithos und Montage Findl, Phang & Partner, Icking
Satz, Druck und Bindung Auer, Donauwörth
Printed in Germany 1990
ISBN 3-7667-0967-4

INHALT

EINFÜHRUNG

Manfred Sack

VOM NUTZEN DES GEBRAUCHTEN

Seit der Mensch baut, baut er um und baut er an; er stockt auf, bessert aus, erweitert und erneuert. Es gibt so gut wie nichts Gebautes, das einen Zustand ein für allemal in sich verfestigte, geschweige den originalen, den ersten – aber ist der erste der originale? Alles Gebaute ist ein Prozeß, ein unablässig Veränderungen, Anpassungsversuchen, Korrekturen ausgesetzter Vorgang. Das ist mit den Häusern ebenso wie mit den Städten. Man träumt von ihrer Vollendung, um endlich Kelle und Pinsel aus der Land legen zu können, und irrt sich schon: Häuser und Städte kommen niemals zur Ruhe, weil Menschen nicht zur Ruhe kommen, selbst wenn sie ständig danach trachten – und weil die Erde sich dreht und sich dreht und sich dreht. Wie also sollten sich die Menschen da bremsen lassen, alles immer wieder von vorne anzufangen, es neu und ganz anders zu versuchen, es immer besser, scheinbar vollkommener zu wollen?

Sie tun es.

Daß das schon immer so war, wissen in diesem Metier am ehesten die Denkmalpfleger zu erzählen, schon weil es sie bisweilen irre macht, den Zustand eines Hauses herauszufinden, in dem sie es zu erhalten versuchen: an den Urzustand – aber wie, wenn die Quellen versiegt sind und alle Zeugnisse mangelhaft? Oder den jüngsten Zustand – aber war das nicht gerade der, für den das Original am rüdesten gerupft wurde? Sollte man, zum Beispiel, ein mittelalterliches Kornhaus restaurieren – oder gar rekonstruieren –, obwohl niemand mehr Korn darin zu lagern vorhat? Oder als Wohnhaus? Als Kaufhaus, Jugendhaus, Bürohaus, als das es doch zuletzt gedient hat? Soll daraus nun ein Stadtgeschichtsmuseum werden, und wie? Müßte es nicht, wenn es wieder hergestellt wird, Züge der Gegenwart zeigen? Das Thema steckt voller anregender Zweifel, wie auch anders: dieses Kornhaus ist selber ja nie zur Ruhe gekommen, es hat seine Gestalt mal mehr, mal weniger verändert, also wird nun nach dem Kompromiß gesucht werden müssen, der das Original beherzigt, aber seine Zukunft auch. Wie immer das Übereinkommen aussehen wird, es beweist die Existenztüchtigkeit eines Bauwerks, das von den Bürgern geliebt, von den Konservatoren gehegt, vom Eigentümer weiter gebraucht – und auch den nächsten Umbau überstehen wird.

Man braucht sich bei derlei Überlegungen nicht gleich in die Philosophie zu versteigen, um dem Geist auf die Spur zu kommen, der im Bewahren, Umbauen, »Umnutzen« wirksam ist. Weit direkter hilft die Psychologie des Alltags mit Erklärungen. Denn mit abgewohnten und ausgedienten Häusern ist es doch wie mit getragenen und durchgescheuerten Jacken: man reißt die einen nicht kopflos ab, so wie man die anderen nicht einfach wegwirft; das bringen auch heute, in der »Wegwerfgesellschaft«, nur wenige und eher rüde Naturen über sich. Meistens liegt die Bewahrenslust weniger an übertriebener Sparsamkeit als an der Macht der Gewohnheit. Hat man sich nicht jahre-, jahrzehntelang an Jacken, Kleider, Häuser gewöhnt? Hat man sich denn nicht gerade deswegen darin »zu Hause« gefühlt und hat das Verdikt »unmodern«, »veraltet« umgemünzt in den Vorteil »persönlichen«, »eigenwilligen« Geschmacks?

Nun gibt es weit mehr Häuser als Jacken oder Kleider, deren Schnitt so skandalös mißraten ist, daß sie »nicht sitzen«, also kneifen und jemanden lächerlich aussehen lassen. Wieviele Häuser haben Grundrisse, die nach der strengen Lehre von der Funktionstüchtigkeit hundsmiserabel sind, »eigentlich unmöglich«, und dennoch – oder deswegen – von denen, die sich jahrelang darin zurechtgerüttelt haben, geliebt und gegen jeden Änderungsversuch verteidigt werden? Für die Bewahrer sind solche Grundrisse subjektiv die besten, auch wenn sie objektiv zu den schlechtesten gehören. Gewohnheit entwickelt ja sonderbare Kräfte. Sie verwandelt Sperriges in Glattes, Häßliches in Schönes. Gewohnheit ist ein machtvoller Umdeuter, sie ist imstande, Werte in ihr Gegenteil zu verkehren – und meist ins positive. Das liegt nicht zuletzt daran, daß Menschen es nicht ertragen, mit ihrer Umwelt ständig in Unfrieden zu leben. Ist es nicht schön, so behaupten sie, es sei schön, weil sie es so wollen – und so brauchen. Wie sonst hätte ein Begriff wie der der Heimat eine dermaßen prägende Wirkung auf das seelische Befinden von Menschen? Wer Menschen ihre Gewohnheit nimmt, greift tief in ihr Leben ein, und wer uns Bauwerke nimmt – die uns genützt, an die wir uns gewöhnt, die sich uns eingeprägt, die wir manchmal liebgewonnen haben, auf die wir manchmal stolz sind, die uns also etwas bedeuten –, verändert unsere Daseinswelt, mehr: der greift in unser Leben ein.

◁ Fig. 1 20 Jahre stand dieses Umspannwerk von 1926 bei Dallas/Texas leer, ehe es seinen mutigen Bauherrn fand, der bereit war, das Industriedenkmal mit neuem Leben zu erfüllen.

Denn alles hat eine Geschichte, eine eigene und, was wichtiger ist, eine für die Menschen, die darin figurieren. Da ist es ziemlich gleich, ob man als Beispiele die erste Armbanduhr nennt, die einer sich erhungert hat, ein Kleid, das sich jemand einst eigentlich nicht hatte leisten können, oder ein Fahrrad, das in einer Kinderkarre fortbesteht mit Lenker, Sattel, Rädern, oder ob es sich um ein Gebäude handelt, dessen Vergangenheit Bestandteil unserer Kulturgeschichte ist, der Geschichte des Ortes, den es prägt, des Bewußtseins aller, die es mitunter ein Leben lang vor Augen hatten: der Erinnerung. Nicht wenige solcher Gebäude – gleich, wie berühmt oder gewöhnlich sie sind – sind zu Bildern unserer Erlebniswelt geworden.

Wirklich zu einem Problem ist das freilich erst seit etwa hundert Jahren geworden. Früher haben sich Städte nur peu à peu verändert, unmerklich fast, so gut wie niemals brachial, es sei denn, eine Feuersbrunst oder ein Krieg hätten es verursacht. Seit der Gründerzeit jedoch, seit der Industrialisierung, also seit die Maschine unsere Körperkräfte ins Unermeßliche vervielfacht hat, seit alles im Handumdrehen vonstatten geht und die rücksichtslose Beseitigung eines Gebäudes, ja, ganzer Stadtteile einfacher ist als ihre geduldige Instandhaltung, seit Abriß und Neubau oft billiger sind als Modernisierung und Erneuerung – seitdem änderten unsere Dörfer und Städte schneller als jemals zuvor ihr Gesicht, manche haben es sogar verloren. Seltsamerweise merken das weniger diejenigen Leute, die darin leben und die Veränderungen tagtäglich vor Augen haben, die Stadtbewohner, als die, welche sie nur dann und wann wiedersehen und sich plötzlich um ihre visuelle Erinnerung betrogen fühlen, die Stadtbesucher. Denn sie erkennen, was sie kannten, nicht wieder. Sie fühlen sich fremd in der vertraut gewesenen Stadt.

Natürlich ist der Kern solcher Überlegungen konservativ. Namentlich liberal gesinnte Menschen erschauern bei diesem Wort, wenn man es ihnen anhängt. Aber werden nicht ausgerechnet die radikalsten Gesellschaftsveränderer unter den Politikern leicht zu den heftigsten Bewahrern der natürlichen und der gebauten (Um-)welt? Unangenehm würde ihr Bestreben erst, wenn es zur Restauration entartete, also die Unbeweglichkeit des Denkens zum Leitbild erhöbe, den Rückschritt. Deshalb geht es nicht darum, die gebaute Umwelt unter allen Umständen zu bewahren, sondern sie so behutsam, so skrupulös wie möglich zu verändern, das Neue einfühlsam in das Alte zu integrieren und manchmal betont mit Kontrasten zu würdigen.

Dies jedenfalls ist eines der Motive, auf die sich das Umbauen des Gebrauchten stützt: die Anschaulichkeit der Geschichte zu bewahren – und auch der Gewohnheit keinen Tort anzutun. Das andere ist blanke Sparsamkeit, die vor allem diejenigen üben, die die Not erfahren haben. Drittes Motiv ist das kunst- und baugeschichtliche, das kulturhistorische Interesse. Alle drei wurzeln zwar in der historischen Neugier des 19. Jahrhunderts; doch ihre mitunter eifernde Intensität haben sie erst durch den Zweiten Weltkrieg und seine beängstigenden Zerstörungen erfahren, nicht zu vergessen von der aufbau- und modernisierungswütigen Nachkriegszeit. Den besonderen Schwung aber erhielten diese Motive erst durch das Europäische Denkmalschutzjahr 1975, das die Enttäuschungen über die längst degenerierte Gegenwartsarchitektur mit Vergangenheitsseligkeit überlagerte. Nun war auf einmal alles von gestern, der Schlager von heute und der Fingerzeig für morgen. Jetzt war es auch nicht mehr möglich, irgendein Gebäude klammheimlich niederzureißen, sei es auch noch so morsch, und durch einen Neubau zu ersetzen, nicht einmal dann, wenn das Alte scheußlich, das Neue einen ästhetischen Gewinn verhieße. Nun war es auch nicht mehr verwerflich, Gebäude rücksichtslos »auszuweiden«, zu »entkernen«, in Wahrheit abzureißen und allein die Fassade zu erhalten (oder sie, vollständig rekonstruiert, wieder vorzublenden): Gegenwartsarchitektur mit einer zwar gelifteten, aber alten Maske – damit wenigstens der Gemütswert restauriert blieb.

Selbstverständlich ist jedes umgebaute, anders als vorher gebrauchte Gebäude ein Kompromiß, der in jedem Falle neu erstritten werden muß. Und natürlich gibt es kritische Fälle zuhauf.

Die AEG-Turbinenhalle von Peter Behrens in Berlin, ein traumhaft weiter, hoher Raum, nun zu lauter kleinen Käfterchen parzelliert: Das war eine Sünde. Der alte Bahnhof zu Rosenheim mit seinem für Lokomotivschuppen charakteristischen Halbrund, nun in eine Ausstellungshalle mit einem Café verwandelt: Das war ein Gewinn.

Kein Zweifel, daß die durch Umbauten verlängerte Existenz gebrauchter Gebäude von der Art der neuen Bewohner und der Benutzer abhängt. Je sensibler der Umbau geschieht, je kongenialer Architekten sich über alte Häuser hermachen, desto eher wird es gleichgültig, wer und was in ein bewahrenswertes Gebäude einzieht – die Beispiele zeigen, daß nahezu alles denkbar, vieles möglich ist. Die Arena von Lucca wurde ein Wohn-Rondell; aus den Thermen Diokletians wurde eine Kirche (von Michelangelo) und ein Museum; die Schiffsschraubenfabrik Zeise in Hamburg verwandelte man in ein Medienhaus und Restaurants. Aus Kirchen wurden Drehorgelmuseen, Supermärkte und Treffpunkte, aus Kirchendächern komfortable Wohnungen. Festungen locken als »Romantik Hotels«, Burgen als Jugendherbergen und Museen, Bauernhöfe als Bibliotheken, Scheunen und Molkereien als Ateliers, Schlachthöfe als Einkaufszentren. Börsen machte man zu Mehrzweckhallen, Leuchttürme zu Gästehäusern, Wassermühlen zu High-Tech-Büros, Bahnsteighallen zu Marktplätzen, Pumpstationen zu Jugendhäusern. In Hospitälern breiten sich Kunstzentren aus, in Schlössern Kreisverwaltungen. Landsitze wurden zu Firmensitzen, Regierungsgebäude zu Bürohäusern, Bürohäuser zu Wohnhäusern, Fabrik- und Lagerhäuser zu Konzerthallen. Schon hat es die Phantasie schwer, mit den Einfällen der Wirklichkeit Schritt zu halten. Das Thema bleibt so spannend wie je. Manchmal erfährt es auch unangenehme Beschleunigungen, beschwört die vorlaute Spekulation mit irgendwann notwendig erscheinenden »künftigen Nutzungen« die Zerstörung völlig intakter Baudenkmale, ja ganzer historischer Stadtviertel – so wie in Hamburg, wo der Senat 1989 drauf und dran war, die weltberühmte, heute wie vor hundert Jahren einwandfrei funktionierende Speicherstadt an die Meistbietenden zu verschleudern. Manchmal indessen ermuntern dramatische Ereignisse zu Gedankenspielen – so wie der plötzliche politische Verfall der DDR-Diktatur (und der allmähliche Umbau in eine Demokratie) fragen ließ, was denn eines Tages in den schönen neuen Plenarsaal zu Bonn einziehen könnte. Was immer dem Souverän dafür einfallen sollte – es gilt dafür dasselbe wie für andere Gebäude, die, unbrauchbar geworden, neu gebraucht werden sollen: Es ist ziemlich gleich, wer und was sich darin einrichtet, nur daß es auch geschieht. Unbenutzte Gebäude sind schon Ruinen, ehe sie verfallen.

Fig. 2 Die Tragkonstruktion alter Gebäude bietet oft ideale Voraussetzungen für die Nutzungsänderung und die damit zusammenhängenden Um- und Ausbauten.

WOHNEN IM UMGENUTZTEN ALTBAU – ASPEKTE UND PLANUNGSHINWEISE

ARCHITEKTUR

Die in den letzten vier Jahrzehnten entstandenen Wohnbauten sind vor allem geprägt von kostengünstigem, flächensparenden Bauen im Reihen- und Etagenhausbau, von der Fertig- und Typenhausbauweise und der industriellen Fertigung der Großsiedlungen mit den bekannten Beschränkungen im Flächenangebot und in der Raumhöhe. Die Zeit als Kostenfaktor führte zur Serie, zum einfachen, schnellen Bauen. Für eine ideenreiche Planung und sorgfältig erdachte und ausgeführte Details, die ein Haus ja erst unverwechselbar machen, blieb in den wenigsten Fällen Raum, es ging in erster Linie um Quantität und nicht um Qualität.

In den letzten Jahren erleben wir ein allgemeines Unbehagen an dieser Art zu bauen, an der Uniformität und dem Gleichmaß der Gebäude, in denen ganz verschiedene Menschen mit unterschiedlichsten Bedürfnissen leben. Die fehlende Identifikationsmöglichkeit des Einzelnen mit seiner gebauten Wohnwelt wird zunehmend als Mangel erlebt und läßt Bauwillige nach anderen Wegen suchen, auf denen sie ihre individuellen Bedürfnisse des Lebens und Wohnens erfüllen können. Ein Weg ist das Wohnen in einem alten Gebäude aus einer anderen Bauepoche, erdacht für andere Zwecke, auf dem Land oder in der Stadt. Der verlassene Bauernhof im Grünen, die aufgegebene Fabrik im Hinterhof, der nicht mehr benötigte Wasserturm, der vergessene Dachboden oder die ehemalige Zwergschule auf dem Land bieten sich als Alternative für eine neue und ungewöhnliche Form des Wohnens an. Was macht nun ihren besonderen Reiz aus?

Es sind die Qualität der Architektur und die besondere Lage

3 △

4 △

5 ▽

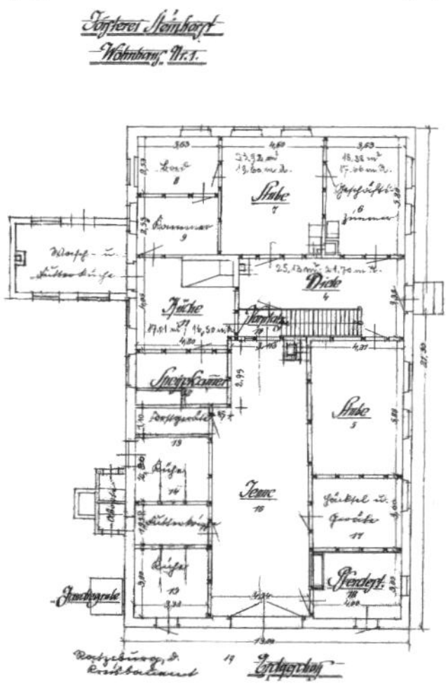

6 △

7 △

8 △

9 ▽

Fig. 3 Die Reihung von immer gleichen Hausformen – entstanden aus Kostengründen, Gedankenlosigkeit und dem unbedingten Wunsch nach dem »Eigenheim« – hat häufig zu einer städtebaulichen Gleichförmigkeit geführt, die nicht mehr hingenommen wird.

Fig. 4 Auch der Versuch der vertikalen Addition hat nur selten zur Erfüllung der Lebensbedürfnisse geführt. Es gibt bereits Bauten dieser Art, die ganz oder teilweise abgerissen werden. Diese Art des Wohnens findet keinen Bedarf mehr.

Fig. 5 Der klare Grundriß und die einfache Tragkonstruktion eines Bauernhauses sind ideale Bedingungen für einen Umbau.

Fig. 6, 7, 8 Diese so grundsätzlich verschiedenen Hüllen sind heute fast überall noch zu finden.

Fig. 9 Ausbauten, Nebengebäude und Scheunen alter Häuser sind oft willkommene, nicht unbedingt erwartete »Zugaben«, die sich vielfältig ausbauen und nutzen lassen.

Fig. 10 Alte Baudetails haben ihren besonderen ästhetischen Reiz, geprägt durch ihre zeit- und funktionsbedingten Formen und Ornamentik. ▷

Fig. 11 Die Struktur alter Mauern mit ihren Gebrauchsspuren schaffen einen wirkungsvollen Gegensatz zwischen alter Hülle und neuer Nutzung. ▷

der alten Bauten. Genau wie heute war auch bei den alten Gebäuden die Herstellung bestimmter Raumbeziehungen notwendig. Die Tätigkeiten auf einem Bauernhof oder in einer Fabrik mußten störungsfrei möglich sein. Daraus ergaben sich bestimmte Grundrißstrukturen, meist einfach und von großer Klarheit und Eindeutigkeit, die heute eine ganz andere Nutzung mühelos aufnehmen. Das Fachwerk eines Bauernhofes, das Wandsystem einer alten Schule oder das Stützensystem einer Fabrik sind zwar vorgegebene Rahmen, die man nicht leichtfertig stören oder verändern sollte, sie bieten aber eine Vielzahl von Möglichkeiten neuer, abwechslungsreicher Wohnformen: Die großen Raumhöhen, zeit- und nutzungsbedingt entstanden, erlauben z. B. den Einbau zweiter Ebenen in Form eines zusätzlichen Geschosses oder einer Galerie, bieten Platz für Podeste und unterschiedliche, auch imposante Raumhöhen. In den oft großen Grundrissen läßt sich der eigentlich nötige Flächen- und Raumbedarf leicht unterbringen und liefert darüber hinaus willkommene Restflächen für Räume, für die zunächst gar kein wirklicher Bedarf vorlag. Mit dem Mehrangebot an Fläche entwickeln sich neue Wünsche, das zusätzliche Bibliothekszimmer, das Atelier, die Werkstatt, die Sauna und das Lager für die Baumaterialien lassen sich mühelos unterbringen. Die Flächen sind da, sie müssen nicht erst erstellt werden, beim Neubau dagegen hätte man vielleicht gerade auf diese, für die Lebensqualität so wichtigen Räume verzichtet. Alte Bauten haben häufig den Prozeß des Anfügens und Erweiterns mitgemacht. Ställe und Schuppen sind manchmal eine willkommene Zugabe, sie stehen unter Bestandsschutz, lassen sich ausbauen und erweitern das Raumangebot, so daß sich auch die im Laufe der Zeit und im Umgang mit dem alten Gebäude ergebenden zusätzlichen Bedürfnisse realisieren lassen: die Scheune als großzügiges »Sommerhaus«, mit sehr viel Platz, aber ungeheizt, ist dafür nur ein Beispiel von vielen.

Das Flächenangebot eines solchen alten Gebäudes bietet oft auch die Möglichkeit, daß man es beim Rückgang der Bewohnerzahl – dem natürlichen Zyklus einer Familie entsprechend – relativ leicht neu unterteilen kann. Die so entstehende Einliegerwohnung kann Lebens- und Wohnbereich der älteren Familienmitglieder oder auch vermietbare »Nebenerwerbsquelle« werden.

Zu den »inneren« Werten der Altbauten, der Innenarchitektur, ihren variationsreichen Grund- und Aufrissen, tritt die äußere Architekturqualität des Baukörpers und der Fassade.

Das Erscheinungsbild ist zuerst einmal geprägt von seiner »Architektursprache«, die, wenn wir sie heute noch lesen können, eindeutige Auskünfte über den früheren Gebrauch des Gebäudes gibt, egal, ob es sich dabei um Bauernhaus oder Fabrik handelt. Ebenso zeigt meist die Form des Baukörpers die alte Funktion an, dazu die landschaftlichen und klimatischen Gegebenheiten, auf die es galt, mit der Wahl und Art der Baustoffe und ihrer Bearbeitung Rücksicht zu nehmen. Dann sind es auch die sorgfältig aufeinander abgestimmten Proportionen des Baukörpers und seiner Flächen, die Verwendung der unterschiedlichen und zahlreichen Materialien und Oberflächen, ihre Formensprache im Detail, wie die einfachen grafischen Muster einer Fachwerkausfachung, aber auch die Pathosformeln der Fabriken der Gründerzeit, kurz: es ist die ganzheitliche Architektur, deren komplexes Beziehungsgefüge den Reiz der alten Bauten ausmacht. Es sind die über Generationen umgesetzten Erfahrungen alter Handwerkskunst, der Verarbeitung und Verbindung von Materialien, deren Verwendung heute nicht mehr beherrscht wird oder die unbezahlbar geworden sind.

10 △

11 ▽

Die Projektbeispiele zeigen, daß es Bauherren und Architekten gerade darum ging, diese unwiederbringlichen Architekturformen und -details zu erhalten, bis hin zu den alten Raumgefügen mit ihren besonderen Proportionen und Oberflächenstrukturen, mit den alten Holzbohlen und Balken, den Gußeisenstützen mit dem korinthischen Kapitell oder auch nur die alte Bruchsteinwand oder die kleinteiligen Sprossenfenster mit dem schlierigen Glas und der alten Farbpatina.

Vielfalt und Eigenwilligkeit, Symbolik und Einfallsreichtum sind die Qualitäten, die Altbauten bei der Umnutzung bieten – die früheren Nutzer werden das gar nicht immer so euphorisch gesehen haben.

Zu der Freude des Erhaltens kommt der Reiz, sich all dieser Formen und Materialen mit ihren erzählenden Gebrauchsspuren bedienen zu können, auf das Vorhandene nicht nur eingehen, sondern es auch gestalterisch transformieren und mit neuen, heutigen Architekturelementen konfrontieren zu können.

BAUTECHNIK

Die Verwendung der alten Bautechnik und Werkstoffe – in langen Jahren bewährt und mit einfachsten Mitteln arbeitend – bewahrt vor manchen Fehlern, deren Tragweite all-

mählich in das ökologische Bewußtsein gerückt ist.
Die geforderte Heizenergieeinsparung führte bei Neubauten zur Anwendung einer Vielzahl von Materialien, deren Substanzen heute als gesundheitsgefährdend erkannt worden sind. Kunststoffschäume zur optimalen Wärmedämmung, luftdichte und dampfdichte Folien stehen ebenso auf der »schwarzen Liste« wie gefährliche Holzschutzmittel, formaldehydgetränkte Spanplatten und asbesthaltige Verkleidungen. Absolut dichte Fensterkonstruktionen, kompliziert belüftete und gedämmte Mauerwerkskonstruktionen und dampfdichte Putzsysteme erzeugen in Neubauten häufig ein als unbehaglich empfundenes Raumklima.
Die Baumeister von gestern hatten all diese Materialien und Konstruktionen, deren Herstellung wiederum mit enormem Energieaufwand verbunden ist, nicht zur Verfügung. Die Dachdeckung aus Stroh oder Tonziegeln, Lehm in den Holzdecken mit ihren knarrenden Holzdielen, einschaliges dickes Mauerwerk aus Tonziegeln oder Feldsteinen, einfache Holzfenster mit Einscheibenverglasung, Lehmputz an den Wänden und Kalkanstriche waren die wesentlichen Elemente der Baukonstruktion. Im Zusammenspiel führten sie dazu, daß das Haus «atmete«, d. h. es gab einen natürlichen Austausch von frischer und verbrauchter Luft. Undichtigkeiten nahm man in Kauf, fehlende Wärme wurde durch entsprechende Kleidung ersetzt. Das ursprüngliche gute, weil nicht zu trockene Raumklima alter Gebäude sollte man nicht wesentlich durch Zutaten verändern, eher einen kleinen Windzug oder ein Weniger an Wärme als Eigenart des alten Hauses akzeptieren.

Fig. 12 Das einsam gelegene Gehöft befindet sich in einem reizvoll gelegenen Landschaftsschutzgebiet, so wie viele aufgegebene landwirtschaftliche Anwesen. Der Abriß und der Bau eines neuen Hauses, selbst auf dem Umriß des alten, wäre nicht genehmigt worden. Dies ist in der Regel auch die Gewähr für einen Bauherrn, daß die landschaftliche Schönheit seiner Umgebung erhalten bleibt.

Fig. 13 Leben im Wahrzeichen eines Stadtteils: mit allen Vorzügen der historischen Umgebung, der Innenstadtlage, geschützter Naturflächen – und aufgrund der »Höhenlage« auch noch ruhig.

DIE LAGE DES GRUNDSTÜCKS

Zunächst einmal: das alte Haus ist vorhanden, seine Architektur ist eingebunden in die Landschaft, ist Teil eines Dorfensembles oder eines gewachsenen Stadtviertels. Die Auseinandersetzung mit Nachbarn, Bebauungsgrenzen und Abstandsflächen und die Verhandlungen mit Genehmigungsbehörden über die endgültige Lage des Hauses auf dem Grundstück, über seine Größe, Höhe und Bauform – bei Neubauten eine oft mühevolle Kleinarbeit – bleiben Bauherrn und Architekt erspart: das alte Haus genießt Bestandsschutz. Gerade auf dem Lande finden sich häufig Bauten in besonders reizvoller Lage, am Wasser, am Berghang oder Waldrand auf Grundstücken, auf denen heute ein Neubau aus Gründen des Landschaftsschutzes meist nicht genehmigt werden würde. Das gleiche gilt für städtische Grundstücke mit einschränkenden Bebauungsplänen, die die vorhandene Nutzungs- und Gebäudeform und ihre Bebauungsdichte heute nicht mehr zulassen würden.
Die Nutzung alter Gebäude auf dem Lande trägt auch dazu bei, daß ein Teil der Neubauten gar nicht erst entstehen muß, daß einer weiteren Zersiedelung der Landschaft entgegengewirkt wird und die für das Landschaftsbild so wichtige alte Architekturqualität erhalten und wieder mit Leben erfüllt werden kann. Auch in der Stadt dient die Umnutzung der Stadtbildpflege, bewahrt gewachsene Strukturen und holt das Wohnen und die Lebendigkeit in die Stadt zurück. Darüber hinaus können die schon vorhandenen Infrastrukturen vom Krämerladen bis zum öffentlichen Verkehrsmittel genutzt werden, auch sie machen

die Qualität der Grundstückslage aus.
Neubauten auf dem Land oder in städtischen Randgebieten stehen häufig verloren und kantig da, ohne gewachsenes Umfeld, ohne vertraute Merkpunkte, eben noch ohne Geschichte, aber – auch wenn sich das jetzt langsam wieder zum Positiven wendet – meist auch ohne Bezug zur Landschaft, zum Grundstück und seiner Topografie und seinen kleinklimatischen Besonderheiten. Die Erbauer alter Mühlen, Scheunen und Bauernhöfe nutzten dagegen feinfühlig die topografischen Gegebenheiten der Landschaft. Sie wußten um ihre Nützlichkeit oder Gefahr, und machten Gebrauch von Talsenken, schützenden Hügeln, von windabweisenden Bäumen und Hecken, ihre Bauform ist wirklich Teil der Landschaft, nicht störender Fremdkörper. Der Kauf eines alten Gebäudes und seine Wiederbelebung ist somit auch ein kleiner Beitrag zur Erhaltung und Weitergabe dieses Wissens, das sich über Generationen in einer Landschaft herausgebildet und bewährt hat – bis die Technikhörigkeit glaubte, all dieses Wissen auch durch »moderne Technik« ersetzen zu können. Die alte Bauweise ist begreifbar, ablesbar und bringt ein Stück willkommene Emotionalität. Auch wer sich für die Stadt und den Erwerb einer alten Fabrik, Werkstatt oder eines nicht genutzten Dachbodens entscheidet, profitiert von seiner besonderen Lage, dem gewachsenen Straßenzug mit seiner markanten Bebauung, dem Umfeld, das schon Teil der Baugeschichte ist und die besondere Qualität des lebendigen Urbanen hat.
Die Befürchtung beim Neubaugrundstück, der teuer erkaufte Blick über die Landschaft, Ruhe und Idylle könnten schon bald durch weitere Neubaumaßnahmen und Straßen dahin sein, diese Sorgen muß man sich bei Grundstücken mit alten Gebäuden nicht machen. Die Bauten befinden sich meist in einem gewachsenen Landschaftsschutzgebiet oder in einer städtischen Struktur, die sich oft in einem Endzustand der Bebauung befindet, in dem ein »Zubauen« schwer oder gar nicht möglich ist.
Die Besonderheit, ja oft Einmaligkeit der Lage und der architektonischen Qualität, verleihen der alten Substanz mit der neuen Nutzung nach der liebevollen und kenntnisreichen Restaurierung auch einen hohen Wiederverkaufswert – aber wer trennt sich schon von den einmal unter viel Mühen in Besitz genommenen alten Mauern?
»Land« oder »Stadt«, Scheune oder Wasserturm, die Lage alter Gebäude ist zumindest ungewöhnlich und interessant. Sie hat den von »höherer Hand« ausgewiesenen begrenzten Neubaugrundstücken einiges voraus.

Fig. 14 Fabriken wurden in den Zeiten des industriellen Aufbruchs häufig in innerstädtischen Wohngebieten errichtet. Ihre Lage macht sie heute zu begehrten Hüllen für neues Wohnen. ▽

AUFGABEN DER DENKMALPFLEGE

Der Besitzer eines »normalen«, ungeschützten alten Gebäudes ist in seinen Entscheidungen hinsichtlich der zukunftigen Nutzung und der Wiederherstellung der angegriffenen Bausubstanz verhältnismäßig unabhängig, solange er das geltende Baurecht berücksichtigt. In der Zusammenarbeit mit seinem sanierungserfahrenen Architekten wird er sich seine Umbauwünsche ohne große Schwierigkeiten erfüllen können.

Anders verhält es sich beim Erwerb eines Gebäudes, das unter Denkmalschutz oder Ensembleschutz steht, d. h. dessen äußere Erscheinungsform, Konstruktion und Grundriß als erhaltens- und restaurierungswert klassifiziert worden sind. Mit der Übernahme eines »Baudenkmals« übernimmt der Bauherr die Verpflichtung zur Erhaltung und sinnvollen Nutzung des für die Lebensweise und Baumethode vergangener Zeiten signifikanten Gebäudes. Damit werden seine aus dem Eigentum abgeleiteten Rechte im Interesse der Allgemeinheit eingeschränkt. Er kann nicht willkürlich abreißen, an- oder umbauen, den Grundriß verändern, Wanddurchbrüche machen oder originale Ausstattungsdetails, wie Treppen oder Innentüren, einfach durch neue Bauteile ersetzen. Und er darf natürlich auch nicht jede beliebige neue Nutzung in das alte Gebäude einbauen, so wie es leider in den Jahren des Baubooms zum Nachteil unserer Städte und Dörfer hemmungslos geschehen ist.

Der Besitzer eines denkmalgeschützten Gebäudes kommt nicht darum herum, sich mit dem »Hüter« wertvoller Bausubstanz und seinen Vorstellungen von Art und Umfang der Sanierung und möglichen Nutzungen auseinanderzusetzen. Häufig wird der Denkmalpfleger als störend angesehen. Ein Vorurteil, das sich nicht halten läßt, denn die Denkmalpfleger wissen nur zu gut, daß allein eine neue Nutzung und nicht die Denkmalschutzgesetze ein Gebäude erhalten können. Vielmehr kann eine frühzeitige Zusammenarbeit dem Bauherrn besondere Vorteile bringen. Der Denkmalpfleger berät in ästhetischen, baukonstruktiven und umnutzungstechnischen Fragen. Er hat einen durch langjährige Erfahrung geschulten Blick für die Grenzen und Möglichkeiten der Umnutzung und Sanierung und verfügt über Kenntnisse der Baugeschichte und alter Baumethoden, die für den Bauherrn überaus hilfreich und interessant sein können.

Darüber hinaus gibt er Hinweise auf staatliche und private Förderungsmöglichkeiten, z. B. durch Stiftungen, und berät über mögliche Steuervorteile, ist gleichzeitig aber auch immer der Verteidiger historischer Substanz gegen ihre innere und äußere Zerstörung, gegen Nutzungsvorstellungen, die der vorhandenen Grundriß- und Aufrißstruktur des alten Gebäudes nicht entsprechen. Dabei ist er sich bewußt, daß die Umnutzungswünsche des Besitzers häufig die einzig mögliche Chance für den Erhalt und die Sanierung des Baudenkmals sind.

In Zusammenarbeit mit Bauherr und Architekt wird er jedoch auch darauf dringen, daß eine nach Inhalt und Umfang dem alten Gebäude angemessene Nutzung gefunden wird: Den Supermarkt in der aufgegebenen Kirche oder die weit aufgerissenen Fenster mit der aufdringlichen Neonreklame im alten, kleinteiligen Bürgerhaus wird er zu verhindern suchen.

Fig. 15 Dieses Ensemble in Holstein, ein ehemaliger Wassermühlenbetrieb zur Herstelung von Kupfererzeugnissen, stand unter Denkmalschutz und mußte in allen Teilen erhalten bleiben. Die neue Wohnnutzung war allein die Gewähr für den Erhalt des Anwesens.

Fig. 16 Die Dachfläche des Wohnhauses dieses Mühlenbetriebes durfte nicht verändert werden, eine verständliche Einschränkung. Sogar einer der beiden Schornsteine, der heute nicht mehr benutzt wird, mußte oberhalb der Dachfläche aus Gründen der Symmetrie erhalten bleiben. Heute ist auch der Bauherr mit dieser Entscheidung zufrieden.

Fig. 17 Nur privates Engagement und eine Nutzung, die die Grund- und Aufrißstruktur erhalten hat, konnte dieses Gebäude vor dem Abriß retten. ▷

Fig. 18 Die für die Errichtung eines vergleichbaren Rohbaus aufzuwendenden Materialien und Energiekosten können durch die Wiederverwendung des Altbaus vermieden werden. ▷

Fig. 19 Alte Sprossenfenster und Beschläge, wie man sie aus Abbruchhäusern retten und wiederverwenden kann. ▷

Fig. 20 Dieser alte Stadl wurde durch seine Umsetzung und eine neue Nutzung vor dem Verfall gerettet. Er ist eines der wenigen erhaltenen Zeugnisse alter Zimmermannsarbeit dieser Region. ▷

Anzustreben ist sicherlich eine Nutzung, die der ursprünglichen Zweckbestimmung des Hauses in etwa entspricht, oder die es am wenigsten beeinträchtigt. Historische Gebäude helfen dabei, denn sie sind in ihren Grundrissen und in ihrer Tragkonstruktion außerordentlich umbaufähig. In der weiten Stützenstellung einer denkmalgeschützten Fabrik oder eines Speichers sind ohne Zerstörung der Substanz viele Nutzungen denkbar, wenn sie nur behutsam und mit Respekt vor der alten Architektur eingefügt werden.
Der Bauherr wird im Verlauf der Zusammenarbeit mit Architekt und Denkmalpfleger sein Gebäude und die Zeit seiner Entstehung umfassender als am Beginn gedacht, kennen- und schätzen lernen. In den meisten Fällen bewahrt ihn dieser sorgfältige Umgang und die enge Zusammenarbeit mit den Denkmalpflegern vor nicht wieder gut zu machenden Mißgriffen.

KAPITAL ALTBAUSUBSTANZ

Neben den Vorzügen, die die Umnutzung im Hinblick auf die architektonischen Qualitäten, auf Städtebau und Landschaftsschutz bietet, ist die Wiederverwendung alter Bauten auch ein Beitrag für den sparsamen und verantwortungsbewußten Umgang mit Rohstoffen und Energie.
Außerdem werden mit der Erhaltung und Nutzung ausgedienter Gebäude nicht nur Naturflächen auf dem Lande oder in stadtnahen Gebieten geschont, die maßlose Ausnutzung von Flächen in der Stadt verhindert und der Zersiedelung entgegengewirkt, es wird auch im weitesten Sinne Energie für die Produktion neuer Rohstoffe eingespart, deren gesundheitliche Verträglichkeit oder Schädlichkeit ohnehin immer erst viel zu spät festgestellt wird, wie es z. B. gerade eindringlich die asbesthaltigen Baustoffe zeigen, die heute, nach nur 20 Jahren ausgebaut und als Sondermüll entsorgt werden müssen. Die Wiederverwendung bewährter und wertvoller Baumaterialien, wie Ziegel, Ton, Lehm, Holz, Eisen und Naturstein, ist nicht nur wichtig in ästhetischer und gestalterischer Hinsicht und als Zeugnis alter Baukultur und traditioneller Handwerkstechniken, sondern sie ist gleichzeitig ein kleiner, wenn auch nicht unbedeutender Beitrag zur Umweltentlastung.

17 △

18 ▽

19 ▽

20 ▽

Die Wegwerf- und Abrißmentalität vergangener Jahre weicht dem steigenden Bewußtsein vom Ausmaß der Umweltbelastung, vom Wert alter Baukultur und ihrer Baustoffe. Materielles Zeichen für diesen Bewußtseinswandel ist auch die Einrichtung von kommunalen Bauhöfen, auf denen aus Umbau, Abbruch oder Verfall gerettete Materialien zur Wiederverwendung gesammelt werden. Hier findet der neue Besitzer eines alten Gebäudes manch fehlendes Material oder Bauteil, bis hin zu alten, kleinteiligen Sprossenfenstern, Bekleidungen, Beschlägen und profilierten Innentüren – wenn es nicht schon vorher von berufsmäßigen Händlern beiseitegeschafft worden ist, die schon lange erkannt haben, welchen Wert schöne alte Bauteile haben und wie begehrt sie sind.
Die Wiederverwendung alter Bausubstanz anstelle von schnellem, leichtfertigen Abriß mindert gleichzeitig die immer größer werdenden Probleme und Belastungen, die mit der Beseitigung des Bauschutts verbunden sind.

KOSTENVORTEILE BEI DER ALTBAUNUTZUNG

Häufig wird die Befürchtung geäußert, ein altes Gebäude sei »ein Faß ohne Boden«, und die Herrichtung alter Bausubstanz sei letztlich doch immer kostspieliger als ein Neubau.
Zahlreiche Untersuchungen und Analysen ausgeführter Umnutzungen haben in vielen Fällen bei gewissenhafter Planung das Gegenteil bewiesen. Dann kann in der Regel mit möglichen 20–35% Minderkosten gegenüber Neubauvorhaben gleichen Volumens und Standards gerechnet werden. Dabei sind die Einsparmöglichkeiten natürlich von Fall zu Fall sehr unterschiedlich und hängen nicht zuletzt vom Zustand des Altbaus und der Anpaßbarkeit an die neuen Nutzungsvorstellungen ab. Auch ist sicher der Begriff des »gleichen Standards« überdenkenswert, da sich die Qualitätskriterien von Alt- und Neubau schon aufgrund unterschiedlicher Wertschätzung nur schwer vergleichen und quantifizieren lassen.
Als Beleg aber für die Durchsetzbarkeit deutlich geringerer Baukosten bei der Altbaunutzung gilt, daß viele Umnutzungsmaßnahmen auch nach den Kostenkriterien des Sozialen Wohnungsbaus finanzier- und durchführbar waren, dabei sind das Maß der Architekturqualität und der Beitrag zur Stadtbildpflege natürlich nicht in die Rechnung eingeflossen. Auch zeigen die Wohnungsbauförderprogramme neueren Datums, die ausdrücklich die Umnutzung alter Bauten betreffen, wie positiv die Kostensituation und die schnelle Nutzbarkeit alter Bausubstanz beurteilt werden.
Meist sind bei den alten Bauten die Fundamente, die Umfassungsmauern und Decken und häufig sogar das Dach noch brauchbar. Dagegen müssen

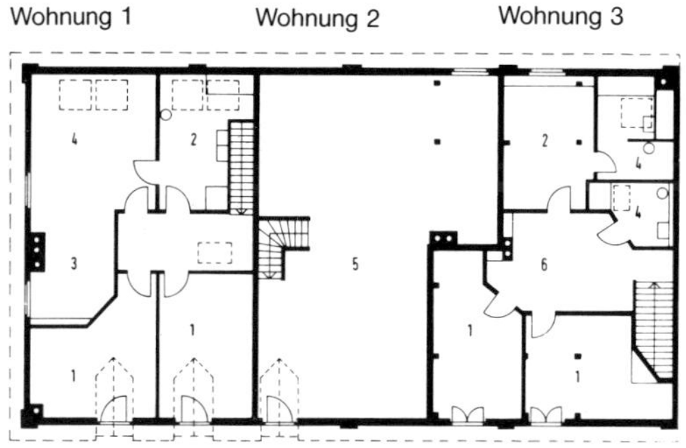

OG
1 Kind
2 Eltern
3 Arbeiten
4 Bad
5 noch nicht ausgebaut
6 Spielflur

M. 1:400

Fig. 21 Während die äußeren Wohnungen der alten Fabrik vollständig ausgebaut worden sind, erfolgt der Ausbau der mittleren Wohnung später.

Angebot 2 Stadt verkauft Wasserturm für eine Mark

Das Wahrzeichen der Stadt, der 45 Meter hohe Wasserturm an der Jahnstraße, hat ausgedient. Sein Stahlbehälter faßt 500 000 Liter Wasser.

Von S. SCHMIDT
Auch Elmshorn hat ein preiswertes Immobilien-Angebot. Die Satdt braucht ihren schönen Backstein-Wasserturm an der Jahnstraße nicht mehr. „Wer will, kann ihn für eine Mark haben", sagt Stadtwerke-Dezernent Siegfried Golz (46).
Der 45 Meter hohe Turm wurde 1902 gebaut. Nun sorgen zwei neue Pumpen in den Elmshorner Wasserwerken für gleichmäßigen Druck im Wassernetz.den Druckausgleich. „Wir wollen den Turm auf keinen Fall abreißen, er ist ein Wahrzeichen unserer Stadt", sagt Bürgermeister Franz-Josef Büker (51). „Der Käufer kann ihn nutzen, wie er will, aber das Äußere darf er nicht verändern."
Dezernent Golz: „Im

Elmshorn

oberen Teil hat der Turm 12,5 Meter Durchmesser. Dort könnte ein Ausblick-Restaurant entstehen. Darunter hätte eine Galerie Platz, im Erdgeschoß eine Boutique. Dazwischen wären vier kleine, runde Wohnungen möglich. Doch das ist ein Millionenprojekt."

Fig. 22, 23 Bei Projekten dieser Größe und überlebter Nutzung ist zugunsten des Erhalts der Verkaufspreis nur noch symbolisch.

Angebot 1 Land verkauft Schloß für eine Mark

Von SUSANNE SCHMIDT
Es war einmal eines der schönsten Herrenhäuser in Schleswig-Holstein – doch der Lack ist längst ab: Jetzt will das Kieler Finanzministerium das Schloß Heiligenstedten bei Itzehoe verkaufen – für eine Mark!
Ein symbolischer Preis – denn die Sache hat einen Haken.
„Wer das unter Denkmalschutz stehende Gabäude kauft, muß mindestens zehn Millionen Mark für die Renovierung ausgeben", sagt Ministeriumssprecher Gerhard Hildenbrand (40).

Heiligenstedten

Der weiß getünchte frühklassizistische Bau, der von einem Wassergraben umgeben ist, wurde 1583 von Gutsherr Balthasar von Ahlefeldt errichtet.
Von ihm übernahm Freiherr Christopher Blome das Schloß.
Seine Nachkommen verkauften es 1926 an Schleswig-Holstein.
Von 1958 bis 1987 diente das Herrenhaus als Altenheim, seit zwei Jahren steht es leer.

Eine breite Kopfstein-Einfahrt führt zum Schloß Heiligenstedten. Vor dem Säulenportal steht eine mächtige Tanne.

die Fenster, der Innenausbau und die technischen Einrichtungen neu hergestellt werden, ebenso der Zustand der Fassade und der Innenräume.
Der Vorteil bei der Nutzung alter Bausubstanz ist jedoch, daß die Baukosten meist auf größere Zeiträume verteilbar sind, die Teile des Gesamtvolumens auch schon in dem vorgefundenen Zustand – wenn auch mit Qualitäts- und Bequemlichkeitseinbußen – gut nutzbar sind und erst einmal nur die wirklich wichtigen und lebensnotwendigen Bereiche umgebaut werden müssen. So kann der Bauherr manchmal schon bald nach dem Erwerb seinen Altbau beziehen, das entlastet durch Wegfall z. B. bisheriger Mietzahlungen oder doppelter Haushaltsführung die Finanzierung.
Er kann die Ausbaustandards in den einzelnen Räumen nach Dringlichkeit und nach Budget ausführen lassen, dazu noch witterungsunabhängig in der alten Hülle bauen und kann vieles in Trockenbauweise ausführen lassen. All das erspart dem Bauherrn Fehlzeiten und damit Geld, und manches läßt sich bei guter Planung auch in Eigenleistung erbringen. Der eigentliche Bauvorgang bis zur endgültigen Fertigstellung dauert bei Umnutzungen häufig länger als beim Neubau, aber das wird in den meisten Fällen keineswegs als Nachteil empfunden, im Gegenteil, es fordert die Bindung an die eigene Baumaßnahme und wird gern in Kauf genommen.
Und was beim Neubau der Begriff des »Starterhauses« meint, ist beim Umbau alter Bauten eben der Starterzustand, nur ist die gewünschte endgültige Ausbaustufe mit dem ganzen Bauvolumen schon bei Nutzungsbeginn vorhanden und auch gebrauchsfähig, ein Vorteil, der bei der Kostenrech-

nung mit einbezogen werden kann. Auch ist zu berücksichtigen, daß es sich in manchen Fällen beim Kauf des Altbaus nur noch um einen Gebäuderestwert handelt und der Kaufpreis nur noch als kleiner Anteil des Grundstückspreises auftaucht oder daß der Kaufpreis des Gebäudes gegen Null geht – das ist dann der willkommene symbolische Kaufpreis.

Bei all diesen Überlegungen zum Kostenvorteil sind die immateriellen Werte des Altbaus unberücksichtigt geblieben, ebenso der oft ganz erhebliche Eigenleistungsanteil sowie die staatlichen Förderprogramme, Denkmalschutzzuschüsse und die steuerlichen Möglichkeiten der Einkommensteuerzahler. Neben den Erwerb- und Herstellungskosten ist aber auch der Unterhalt des Altbaus in die Kostenrechnung einzubeziehen. Dieser kann bei dem oft großen Volumen, den großzügigen Wohn- und Lebensvorstellungen, der geringeren Wärmedämmung und auch bei den meist häufiger anfallenden Reparaturen höher ausfallen als beim Neubau.

Um die Unsicherheiten bei den Bau- und Unterhaltungskosten auf ein Minimum zu beschränken, ist es daher ratsam, die Bauaufnahme und Bestandsanalyse äußerst sorgfältig ausführen zu lassen. Die hierfür eingesetzten Kosten zur Ermittlung von Daten und Maßen geben nicht allein einen interessanten Einblick in die Baugeschichte – und als solche werden sie gern abgetan –, sondern von der Eingabe bis zur Detailplanung und von der Ausschreibung bis zur Abrechnung wird die Umbaumaßnahme erleichtert, so daß man davon ausgehen kann, daß sich die für die Bestandsanalyse aufgewendeten Kosten im gesamten Planungs- und Ausführungsbereich vielfach amortisieren.

Fig. 24, 25 Das Ausmaß der Sanierung, wie es Figur 25 zeigt, verlangt eine intensive technische und maßliche Bestandsaufnahme, wie es der Endzustand des Mühlenumbaus dokumentiert.

Fig. 26 Der Altbau als begehbares Modell: Höhe und Weite der Räume sind in diesem Zustand leichter vorstellbar als in einer Zeichnung.

MITWIRKUNG DES BAUHERRN BEI PLANUNG UND BAUDURCHFÜHRUNG

Bei der Planung eines Neubaus steht der Bauherr zunächst einmal vor dem »Nichts«. Mit viel Einsatz, Glück und Geduld – und hoffentlich nach Rücksprache mit seinem Architekten – hat er »sein« Grundstück gefunden und erworben. Er geht davon aus, daß es seine Wünsche erfüllt und daß das Haus, das er noch nicht kennt, oder von dem er nur eine vage Vorstellung hat – wir sprechen hier ja nicht von Fertighäusern und Typenhäusern – auf diesem Grundstück auch zu verwirklichen ist.

Der Architekt dagegen, der die Vorstellungen, Wünsche und Träume des Bauherrn in ein Gebäude umzusetzen hat, steht häufig vor der Schwierigkeit, diesem seine Entwurfsarbeit auch wirklich verständlich und vorstellbar zu machen. Zeichnungen, Perspektiven und Modelle sind normalerweise die Hilfsmittel, um den Bauherrn mit seinem zukünftigen Haus, seinen Räumen und seiner Gestalt vertraut zu machen. Wieweit dies jeweils gelingt, hängt von der Darstellungsfertigkeit des Architekten und der Phantasie und Erfahrung des Bauherrn ab.

Ganz anders ist die Situation bei der Umnutzungsplanung an einem alten Gebäude. Es ist im Maßstab 1:1 vorhanden, ist also selbst begehbares Modell. Seine Architektur und seine Ausstrahlung sind schon sichtbar, Größe, Form und Lage auf dem Grundstück sind in kurzer Zeit erfaßbar, verständlich und erlebbar. Der Bauherr kann sich schon während der Planung in seinem zukünftigen Haus bewegen, kann seine gedachten Räume abschreiten, Flächen und Höhen sind ablesbar und nicht nur abstrakte

Planinhalte. Der Bauherr wird sicher bestimmte Räume und Architekturelemente in dem alten Bau unbedingt erhalten wollen, z. B. die alte Mühlenmechanik, das Hebewerk im Speicher oder die formenreichen Gußeisenkonstruktionen in der Fabrik.
Neben der Fülle von Anregungen, die der schon vorhandene Baukörper gibt, wird er mit Hilfe seines Architekten aber auch bald die Einschränkungen erfahren, die die vorhandene Hülle vorgibt. Er muß sich damit auseinandersetzen, welche Rolle Konstruktion, Baumaterialien und technischer Ausbau bei der Erfüllung seiner Wünsche spielen – und daß er sich vielleicht auch von so manchen Überlegungen wird wieder trennen müssen.
Das alte Gebäude befreit ihn oft aber auch von vorgefaßten Vorstellungen und setzt ganz neue Ideen für sein Leben in dem alten Gebäude frei. An dem Modell Altbau im Maßstab 1:1 kann der Architekt ihm seine räumlichen und gestalterischen Pläne und Vorschläge erläutern und ihn auf deren Wirkungen aufmerksam machen. Gemeinsam wird dann vor Ort ausprobiert, modifiziert, verworfen und geändert.
Dem überraschenden Ausruf des Bauherrn »So hatte ich mir das aber nicht vorgestellt«, den man oft hört, wenn der Rohbau eines Neubaus fertiggestellt ist, den wird man bei der Umplanung eines alten Gebäudes kaum hören.
Schon vor Beginn des Umbauprozesses kann der Bauherr seinen zukünftigen Bau in Besitz nehmen und Vorstellungen und Planunterlagen immer wieder vor Ort erproben.
Ein besonderer Vorteil ist, daß ihm angesichts des alten Gebäudes bewußt wird, wie weit seine Eigenleistungen wirklich

Fig. 27 Wer Eigenleistung in diesem Umfang erbringen will, sollte vorher seine Möglichkeiten im Hinblick auf zeitlichen Einsatz und bauliche Risiken genau überdenken.

Fig. 28 Diese Gußeisenkonstruktion von Stütze und Kapitell wäre noch vor wenigen Jahren hinter abgehängten Decken verschwunden. Heute werden diese Details in ihrem formalen Reiz und baugeschichtlichen Wert erkannt und erhalten.

Fig. 29 Aus Respekt vor der Vergangenheit ist die alte Technik wiederhergestellt worden. Sie ist nicht nur Dekoration, sondern läßt sich über Absperrschieber im Mühlengraben wie einst in Bewegung setzen. ▷

reichen können und wie diese in die Planung mit einbezogen werden sollen, und welche Arbeiten vordringlich und welche schritt- oder abschnittsweise durchgeführt werden können, so wie es das Budget ermöglicht.

SUCHE NACH GEEIGNETEN ALTBAUTEN

Hat sich der Bauherr für den Kauf eines alten Gebäudes entschieden, stellt sich die Frage, wie er ans Ziel seines Traumes vom alten Haus findet.
Vorweg gesagt, es kann ein langer und beschwerlicher Weg werden, für den man sich Zeit nehmen sollte, denn der besondere Reiz alter Häuser ist inzwischen zu Recht von vielen Bauwilligen erkannt worden. Alte Häuser sind ein wichtiger »Markt« geworden, auf dem das Gesetz von Angebot und Nachfrage herrscht und den auch die Immobilienmakler und -händler inzwischen interessant finden.
Aber dennoch bleibt die Suche auch weiterhin für Bauherren ein Abenteuer, und es gibt natürlich noch immer eine Vielzahl alter Bauten, die sich ganz besonders für die Umnutzung eignen – und wer einen Altbau sucht, der hat auch immer das Abenteuer im Sinn, hat Mut und die geheime Zuversicht, doch noch genau das richtige Objekt seiner Träume zu finden.
Sind alle Wünsche und Vorstellungen über den Gebäudetypus, seine erhoffte Architektur, Lage und Größe definiert und das Suchgebiet auf Stadt, Stadtnähe oder Land eingegrenzt und auch die organisatorischen Dinge, wie Entfernung zum Arbeitsplatz, gegebenenfalls Schule und Schulweg, Kindergarten, Freizeiteinrichtungen, Läden des täglichen Be-

darfs und die Möglichkeiten des öffentlichen Nahverkehrs als Wunsch formuliert, dann kann die Suche gezielt beginnen.
Will man die Sache selbst in die Hand nehmen, empfehlen sich intensive Fahrten und Spaziergänge durch das Suchgebiet. Bei kleineren Orten wird einem der Besuch in der Dorfkneipe Informationen bringen oder der Gang zum Bürgermeister- und Liegenschaftsamt der Gemeinde. Weiterhelfen kann auch ein Besuch bei den Denkmalbehörden, die manchmal sogar Verzeichnisse von Baudenkmälern herausgeben, die zum Verkauf stehen. Man kann versuchen, die Eigentümer offensichtlich leerstehender Häuser ausfindig zu machen, kann auch ganz direkt ein Übernahmeangebot machen, wenn sich hierfür eine Erfolgsaussicht abzeichnet.
Bei der Öffentlichkeitsabteilung der Bundesbahn kann man nach einem leerstehenden Bahnhof oder Lagergebäude nachsuchen oder auch bei den Kirchenverwaltungen nach nicht mehr benötigten Gebäuden bis hin zur Kirche fragen. Bei all diesen Stellen wird man Auskünfte erhalten, wird Einblicke in die »Marktsituation« bekommen oder auch weitergereicht werden zur nächsten Informationsquelle, an die man vielleicht zunächst gar nicht gedacht hatte.
Ist das Objekt schon im »Markt«, dann findet es sich vielleicht in den Immobilienanzeigen der Tageszeitungen. Weitere Möglichkeiten bieten die Anzeigen in Spezialzeitschriften für Altbau und Modernisierung oder die regional erscheinenden reinen Immobilienzeitschriften. Interessant können auch die Ankündigungen über Objekte sein, die in Zwangsversteigerungen veräußert werden sollen. Angaben und Termine finden sich in den örtlichen Tageszeitungen und auf den Amtsgerichten.
Parallel zu den eigenen Aktivitäten kann man natürlich auch selber Anzeigen aufgeben, Makler mit der Suche beauftragen, sich Maklerangebote zusenden lassen und die örtlichen Banken und Sparkassen ansprechen, ob sie Objekte haben, die wegen Finanzierungsschwierigkeiten veräußert werden sollen. Oder man kann der eigenen Bank seine Wünsche nennen und hoffen, daß das Bankeninformationsnetz umfänglich genug ist, daß auch das eigene Wunschobjekt dabei ist. Weitere Möglichkeiten bieten die Landesbausparkassen, die oft eigene Immobilienabteilungen unterhalten.
Es empfiehlt sich, die Suche nach dem geeigneten Altbau möglichst im Sommer bei gutem Wetter zu betreiben – denn dann sieht auch das stark renovierungsbedürftige Haus noch einigermaßen freundlich aus.
Die Preisverhandlung führt man dann am besten im Winter bei schlechtem Wetter – aber das bleibt in der Regel Wunsch und Hoffnung, da über die meisten Objekte doch recht schnell entschieden werden muß.
Dennoch: Eine gründliche Suche und eine ebenso gründliche Besichtigung und Prüfung der angebotenen Altbauten und ihrer Umgebung zahlen sich aus. Man bekommt erst nach dem Besuch mehrerer alter Häuser einen »richtigen Blick«, kann erst dann auch Preisvorstellungen beurteilen, bekommt ein Gespür für die architektonische Qualität und wird bald merken, wie sich auf diesem Wege die Anzahl der Objekte auf eine kleine und überschaubare Zahl reduzieren läßt, bei der dann wirklich eine genaue Prüfung und Besichtigung mit einer ersten fachkundigen Bestandsanalyse lohnt.

DER PLANUNGSPROZESS

NEUBAUPLANUNG – UMBAUPLANUNG

Am Beginn einer Neubauplanung steht nach der Formulierung des Raumprogrammes und der besonderen Nutzerwünsche die Analyse des in der Regel schon erworbenen Grundstücks.
Topografie, Himmelsrichtung, Bodenbeschaffenheit und Erschließungsmöglichkeiten des Grundstücks sind Gegenstand dieser umfangreichen Untersuchungen. Darüber hinaus sind die Konsequenzen, die sich aus baurechtlichen Auflagen für den Neubau ergeben, zu berücksichtigen. Die Ergebnisse dieser Erkundigung sind wiederum in Beziehung mit den Vorstellungen des Bauherrn zu setzen. Unter ständiger Berücksichtigung der ermittelten Vorgaben beginnt das alternative Entwerfen, d. h. die Suche nach verschiedenen Lösungsmöglichkeiten in Hinblick auf Grundriß und äußere Erscheinungsform des neuen Gebäudes bis hin zur endgültigen Fassung. Am Ende prägen die Wohn- und Lebensvorstellungen des Bauherrn, die Gestaltungsvorstellungen des Architekten und die verschiedenen Vorgaben das neue Haus. Der Bauherr kennt zwar das Haus seiner Wünsche zu diesem Zeitpunkt aus Plänen und Modellen, gesehen und ertastet hat er es jedoch noch nicht.

UMBAU

In einer ganz anderen Situation befindet sich jedoch derjenige, der die Entscheidung für den Kauf eines alten Gebäudes getroffen hat. Die äußere Erscheinungsform der alten Scheune ist wahrnehmbar, ihr Inneres begehbar, und die Umgebung, Bäume und Sträucher, in langen Jahren gewachsen, sind vorhanden. Das Vorstellungsvermögen des Bauherrn wird weit weniger strapaziert als beim Neubau. Er hat die alten Mauern, in denen er zukünftig leben will, vom ersten Tag an vor Augen, er kann sie anfassen, ihre Stärke messen. Die Erforschung von Lebensgeschichte, Anlaß und Zeit der Entstehung, früheren Nutzungen, machen ihn allmählich mit dem alten Gebäude vertraut. Sein vorhandener Grundriß, seine Tragkonstruktion und seine innere und äußere Erscheinungsform sind Vorgaben, in denen sich der Entwurf für das »Neue Wohnen« zu bewegen hat. So scheint in der Umbauplanung zunächst einmal der Entwurfs- und Entscheidungsspielraum stark eingeschränkt.
Dieser festgefügte äußere und innere Rahmen, in der Vergangenheit meist sinnvoll erdacht und gebaut, liefert jedoch auch Anregungen und Ideen, diszipliniert unsinnige, zu weit gespannte Bauherrenwünsche und macht zwangsläufig manche Entscheidung bei der Planung einfacher.

AUSEINANDERSETZUNG MIT DEM ALTEN GEBÄUDE

Wenn auch das Gebäude und sein Umfeld – anders als bei der Neubauplanung – schon vorhanden sind, so fordern sie doch eine umfassende Beschäftigung, wenn irgend möglich schon vor dem Kauf. Je intensiver und gründlicher diese Inbesitznahme erfolgt, desto geringer ist die Gefahr »böser Überraschungen« hinterher.
Die ersten Fragen gelten der Baugeschichte des Gebäudes. Wer hat den Bau des Hauses in Auftrag gegeben, in welcher Zeit und unter welchen Voraussetzungen ist es entstanden, welcher Architekt hat es gebaut? Gibt es Gebäude aus der gleichen Zeit, in ähnlicher Bauweise, von demselben Architekten, aus denen man Rückschlüsse auf die Lebensgeschichte des eigenen Hauses ziehen könnte?
Von weitreichender Konsequenz ist dabei die Möglichkeit, daß es sich um ein Gebäude handelt, das unter Denkmalschutz steht. Sind alle Teile des Hauses oder nur baugeschichtliche Fragmente erhaltenswert? Für den weiteren Planungsablauf ist es wichtig zu erfahren, ob nach langen Jahren noch Pläne, statische Berechnungen, Akten und Fotos existieren, die Auskunft geben können über den Erstzustand und die folgenden Veränderungen des Hauses.
Dieser Rückgriff auf die Baugeschichte soll den Bauherrn und seinen Architekten mit der Vergangenheit des Hauses vertraut machen. Je gründlicher dies gelingt, desto weniger wird es zu planerischen und gestalterischen Mißverständnissen und Fehlentscheidungen kommen.
Wenngleich das Haus vorhanden ist, so gibt es dennoch auch bei einer Umnutzung – ähnlich wie beim Naubau – baurechtliche Rahmenbedingungen, die zu berücksichtigen sind. Auch Umbau, Nutzungsänderung, bauliche Erweiterungen oder Wiederherstellungen, Änderungen am äußeren Erscheinungsbild des Hauses, Sanierung und Modernisierung machen die Beantragung einer Baugenehmigung erforderlich. Dabei ist vorher schon mit den Genehmigungsbehörden zu klären, welche vielleicht einschränkenden Auflagen gegen die beabsichtigte Nutzung erhoben werden können.

AMT FÜR DENKMALSCHUTZ

gibt den Rahmen und das Ausmaß möglicher Veränderungen oder Erweiterungen im Inneren wie im Äußeren des Gebäudes vor, es berät, aber es fordert auch. Das für die Belichtung dringend erforderliche Dachfenster, weitreichende Veränderungen in der Grundrißstruktur oder der Fassade können so auf der Strecke bleiben.

DIE BAUAUFSICHTSBEHÖRDE

gibt Auskünfte über die Festsetzungen eines eventuellen Bebauungsplanes, der u. a. das Maß der baulichen Ausnutzung, der Fassadengestaltung und der Dacheindeckung vorgibt. Neben dem Bebauungsplan steht die jeweilige Landesbauordnung, die Anforderungen an die Ausführung von Bauteilen, wie Decken, Wände hinsichtlich Brand-, Schall- und Wärmeschutz stellt. Zweifelhafte Gestaltungssatzungen einzelner Gemeinden oder Städte gehen in ihren Anforderungen noch erheblich weiter und regeln die äußere Erscheinungsform bis ins einzelne Detail. Die wesentlichen Fragen für die Umnutzung werden so geklärt, manche Vorstellungen von der neuen Nutzung werden eingeschränkt, neue Ideen sind vielleicht entwickelt worden. Es folgt nun eine Zeit der Kleinarbeit, man geht dem Haus auf den Grund, versucht seinen Zustand zu diagnostizieren.

DIE BAUTECHNISCHE ANALYSE

des Bestandes, d. h. aller tragenden und nicht tragenden Bauteile des alten Hauses und seiner Haustechnik, soll Aufschluß geben über den »Gesundheitszustand« von
- Gründung,
- Keller- und Außenwänden,
- Decken-, Dachkonstruktion,
- Dachdeckung und Dichtung,
- Fenstern und Türen,
- Treppen und Fußböden.

Ebenso sind alle haustechnischen Anlagen, die entweder ganz oder teilweise nicht vor-

handen, oder in langen Jahren abgenutzt sind oder den neuesten Vorschriften nicht mehr entsprechen, zu untersuchen. Zu klären sind die Fragen:
– sind die elektrischen und sanitären Anlagen, die Heizung, die Abwasserbeseitigung (Klärgruben) noch brauchbar, entsprechen sie den heutigen Anforderungen und Richtlinien,
– können sie die durch die neue Nutzung entstehende Mehrbelastung noch aufnehmen?
In den meisten Fällen müssen diese Fragen verneint werden, so daß zumeist 25% der Baukosten für die neue Haustechnik aufgewendet werden müssen.
Typische Schadenspunkte an alten Gebäuden sind:
– fehlende horizontale Feuchtigkeitssperren im Mauerwerk,
– Risse in Außenmauern,
– schadhafter Wandputz,
– aussandende Fugen,
– rostende Metallbauteile,
– verfaulte Holzteile an Holzfenstern,
– Schädlingsbefall durch Hausbock an Holzbauteilen,
– Schädlingsbefall durch Hausschwamm an eingemauerten Holzbauteilen,
– Versottung der Kamine.
Zu diesen Schadenspunkten kommen die Folgen der allgemeinen Abnutzung hinzu. Aber auch der in den meisten alten Gebäuden nach heutigen Maßstäben fehlende Schall-, Brand- und Wärmeschutz verschlingt einen großen Teil der Bausumme.
Ist die bautechnische Bestandsaufnahme abgeschlossen, liegt die Beseitigung von eventuell festgestellten Bauschäden im Kostenrahmen, so folgt der nächste Schritt im Planungsprozeß.

DIE MASSLICHE BESTANDSAUFNAHME

In den meisten Fällen hat das alte Gebäude seine »Papiere« verloren, d. h. es existieren weder Grundriß- noch Ansichtszeichnungen.
Für die weitere Planung, d. h. die Organisation der Ein- und Umbauten der neuen Nutzung, ist es erforderlich, das Gebäude maßlich in Zeichnungen, in Grundriß, Aufriß und Schnitten bis ins Detail zu rekonstruieren.

DAS VERFORMUNGSGERECHTE AUFMASS

von der Denkmalpflege immer gefordert, bedeutet die genaue Vermessung des Gebäudes und seine zeichnerische Darstellung in Ansichten, Grundrissen und Schnitten mit allen Verformungen, die im Laufe seiner Geschichte durch Belastungen, Setzungen, Baugrundveränderungen und Materialermüdungen entstanden sind. Es ist die exakte Wiedergabe des Ist-Zustandes. Das verformungsgerechte Aufmaß ist Grundlage für alle Sanierungs- und Umbaumaßnahmen und Kostenermittlungen. Neben diesem wichtigen Bauaufmaß soll die statische Tragwerksuntersuchung in Form einer

BESTANDSSTATIK

Aufschluß geben über die Dimensionen und Qualität aller tragenden Teile und deren weitere Belastbarkeit, die sich aus der neuen Nutzung möglicherweise ergibt.

DER ENTWURF

Nachdem das Haus »durchleuchtet« und als sanierungs- und umbaufähig eingestuft worden ist, präzisiert der Bauherr seine Nutzungsvorstellungen, formuliert sein Raumprogramm und die Größe seiner Räume.
Ziel der Zusammenarbeit von Bauherr, Architekt und Denkmalpfleger (bei denkmalgeschützter Bausubstanz) und Bauaufsichtsbehörde in dieser Planungsphase ist, die Vorstellungen des Bauherrn und die Ideen des Architekten mit den räumlichen Vorgaben seines alten Hauses und mit den Auflagen, Richtlinien und Vorschriften der jeweiligen, betroffenen Behörden in Einklang zu bringen.
Auf der Grundlage der technischen, maßlichen und tragkonstruktiven Bestandsaufnahme ist die Frage zu untersuchen, was mit dem alten Haus geschehen soll, unter welchen Voraussetzungen die neue Nutzung integriert werden kann:
1. Originalgetreue Beibehaltung des alten Grundrisses, seiner Räume und Raumfolgen, seiner Fassaden und Dachform, z. B. bei denkmalgeschützten Gebäuden. Und behutsame Integration einer Nutzung, die gleichzeitig dem Gebäude, aber auch den heutigen Anforderungen an Wohnen entspricht. Dabei ist der Bestand durch Sanierung zu sichern und eventuell die ursprüngliche Erscheinungsform durch Restaurierung im Innern wie im Äußeren nach historischen Vorgaben wiederherzustellen. Restaurierung der Fassade kann aber auch bedeuten, daß ihre Einzelteile, wie z. B. Fenster, Türen, in Analogie zur historischen Vorlage in zeitgenössischer Übersetzung neu interpretiert und gestaltet werden können.
2. Beibehaltung der wesentlichen Merkmale der alten Grundrißstruktur, allerdings mit Ein- und Aufbauten, Ausbauten und Erweiterungen, die sich aus der neuen Nutzung entwickeln.
3. Beibehaltung nur der Tragkonstruktion und Abbau aller nichttragenden Bauteile, so daß Raum geschaffen wird für neue Ideen und völlig freie Grundrisse. Hierbei können einzelne Bauteile, wie z. B. Treppen und Erschließungsräume, auch in ihrer veränderten Lage der neuen Nutzung angepaßt werden.
4. Die neue Nutzung kann über den Grundriß hinaus Fassaden- und Baukörperergänzungen in zeitgenössischer, individueller Architekturauffassung wünschenswert oder gar notwendig machen. Dies allerdings sollte immer mit Respekt vor der Baugeschichte erfolgen.
Diese Überlegungen kennzeichnen einen gewiß mühevollen, aber auch interessanten Weg, der dem Bauherrn die Grenzen seines alten Hauses aufzeigt, ihm aber auch vorher nicht geahnte Möglichkeiten der Nutzung und ihrer räumlichen Organisation eröffnet und neue Ideen entstehen läßt.

BAUGENEHMIGUNG

Nach abgeschlossener Entwurfsarbeit ist auch bei Umnutzung, Sanierung und Restaurierung die Baugenehmigung zu beantragen. Diese wird um so leichter und schneller erteilt, desto genauer die Vorarbeiten und die Abstimmungen mit den Behörden erfolgt sind.

AUSFÜHRUNGSPLÄNE

Die Ausarbeitung genauer Ausführungspläne bis hin zum Detail – man sollte möglichst wenig dem Zufall oder der Baustelle überlassen – ist der nächste Schritt auf diesem Weg. Unliebsame Überraschungen, Verteuerungen und Zeitverluste können durch aussagefähige Ausführungspläne vermieden werden.

KOSTENERMITTLUNG

Auf der Grundlage aller Vorarbeiten und der Ausführungspläne werden für die einzelnen Gewerke die Ausschreibungen, d. h. die Beschreibung und der Umfang der Bauleistungen aufgestellt und Firmen nach eigener Wahl zugestellt, die daraufhin ihre Angebote abgeben. Gerade beim Bauen im Bestand sind bei der Massenermittlung für die auszuführenden Bauleistungen Massenreserven von etwa 15%, unterschiedlich auf die einzelnen Gewerke verteilt, für unvorhersehbare Leistungen zu berücksichtigen. Zusätzlich ausgeschriebene Stunden für Stundenlohnarbeiten an unvorhersehbaren Leistungen, zum Nachweis, verringern das Risiko böser Kostenüberraschungen während der Bauzeit. Anfallende Stundenlohnarbeiten können im Bereich von 5% bis 20% der Kosten des Bauwerks liegen.

BAUÜBERWACHUNG

Der sichtbare Teil des Abenteuers beginnt, die Handwerker rücken dem alten Gebäude zu Leibe, reißen ab, bauen wieder auf, ergänzen und erweitern.
Schon beim Neubau ist die Überwachung und Organisation der Bauleistungen an der Baustelle durch den Architekten von großer Bedeutung, soll alles reibungslos, zeitgerecht und den Ausführungsplänen entsprechend ausgeführt werden.
Bei der Umnutzung, Restaurierung und Sanierung oder Modernisierung eines Gebäudes handelt es sich immer um Eingriffe in vorhandene Substanz. Dabei können jederzeit unvorhergesehene Schwierigkeiten und Probleme auftauchen. Es gilt dann, kurzfristig an der Baustelle vor einer unerwarteten Situation Entscheidungen zu treffen und gleichzeitig deren Folgewirkungen zu bedenken. Häufig geht es um die Veranlassung plötzlich erforderlich gewordener Zusatz- und Nebenarbeiten, die koordiniert werden müssen. Die exakte Trennung der einzelnen Gewerke, wie sie vom Neubau her bekannt ist, kann beim Altbau oft nicht eingehalten werden, so daß möglicherweise der Putzer oder Zimmermann auch einmal, wenn der Ablauf es erfordert, ein paar Steine aufmauern können sollte.
Ein reibungsloser Bauablauf bei allen Umwägbarkeiten, die das Bauen im Bestand mit sich bringt, ist nur gewährleistet, wenn der Architekt seine Aufgabe ernsthaft wahrnimmt und einen erheblichen Zeitaufwand einzusetzen bereit ist, und der Bauherr diese besondere Leitung anerkennt. Die Kompetenzen in der Bauüberwachung müssen eindeutig festgelegt werden; es darf nicht sein, daß der verständlicherweise engagierte Bauherr einfach die Entscheidungen des Architekten wieder umstößt und so nur Unruhe in den Bauablauf trägt.

DIE AUFGABEN DES ARCHITEKTEN

Jedem Bauwilligen sei empfohlen, sich seinen Architekten ähnlich gewissenhaft auszusuchen wie seinen Arzt, Rechtsanwalt oder Steuerberater, nämlich aufgrund von Empfehlungen und Auskünften, nicht aber allein mit Hilfe des Branchenbuches. Dies gilt im besonderen Maße für die Architekten, denen das Bauen im Bestand übertragen werden soll. Nach der großen Abriß- und Neubauwelle hat sich hier erst in den letzten Jahren ein spezialisiertes Tätigkeitsfeld für Architekten eröffnet, das besondere Qualifikationen voraussetzt. Für das Bauen im Bestand wird der »spezialisierte« Architekt gesucht, der die häufig komplexeren und folgereicheren Probleme bewältigen kann. Aus diesem Grund sollte sich der Bauherr einen Architekten empfehlen lassen, der ausreichende Erfahrungen im Umgang mit alten Häusern nachweisen kann.

DIE ARCHITEKTEN-LEISTUNGEN

in der Altbauplanung umfassen zunächst einmal das gesamte Spektrum des Planungsprozesses wie beim Neubau: Vorentwurf, Entwurf, Kostenschätzung, Genehmigungsplanung, Ausführungsplanung, Kostenermittlung (Ausschreibung) und Auftragsvergabe, Bauüberwachung, Bauabrechnung. Darüber hinaus sollte er besondere Kenntnisse der Baugeschichte und der Denkmalpflege besitzen, um den Bauherrn bei den Überlegungen zu Abriß und Neubau oder Erhaltung und Sanierung beraten zu können. Er muß ausreichende Kenntnisse haben und in der Lage sein, den Bauherrn auf die oft versteckten oder überlagerten, historisch wertvollen Reize des alten Gebäudes hinzuweisen und ihn dafür zu interessieren. Seine Aufgabe ist es gleichermaßen, unsinnige Wünsche des Bauherrn zu relativieren und Alternativen für die Nutzung aufzuzeigen. Sein Baugeschichtsverständnis muß verhindern, daß an die Stelle behutsamer Erneuerung bloße leere Imitationen alter Bauformen und Details treten oder Sanierung und Umnutzung um jeden Preis durchgeführt wird. Er ist Treuhänder seines Bauherrn, aber gleichzeitig auch Sachwalter der Baugeschichte. Bei größeren Umnutzungs- und Sanierungsaufgaben, etwa bei alten Siedlungen, hat er auch die Rolle des sozialen Anwalts für die Betroffenen zu übernehmen, d. h. leichtfertig entschiedenen Abriß zu verhindern.

DIE ROLLE DES BAUHANDWERKS

In der Umnutzungsplanung, der Sanierung, Modernisierung und Restaurierung kommt auch dem Bauhandwerk eine besondere Bedeutung zu. In den letzten Jahrzehnten galt es, schnell und kostengünstig Neubauten zu errichten. Häufig wurde dabei die Qualität der Ausführung vernachlässigt. Alte handwerkliche Fertigkeiten und Baumethoden gingen dabei verloren, wurden wegrationalisiert und industrialisiert. Die Ergebnisse dieser Entwicklung sind hinlänglich bekannt.

Beim Bauen im Bestand ist wieder die Behutsamkeit, die Rückbesinnung auf handwerkliche Qualität, die Kenntnis und der Umgang mit alten Materialien, Detailformen und Baumethoden und das Interesse für eine vergangene Zeit und ihre Bauten gefragt. Dem Handwerk kommt somit ebenso wie dem Architekten und Bauherrn die Rolle des Bewahrers und Erneuerers zu.

KOSTEN UND FINANZIERUNG

Ist die von Architekten, Bauschadensachverständigen oder Denkmalpflegern sorgfältig durchgeführte technische Bestandsaufnahme, d. h. die alle Bauteile umfassende Prüfung ihres Gesundheitszustandes, mit einem positiven Ergebnis abgeschlossen und die grundsätzliche Entscheidung für den Erwerb des alten Gebäudes getroffen, ist der nächste Schritt die Finanzierung des gesamten Vorhabens.
Die Sicherung einer auf Dauer tragfähigen Finanzierung ist für den Erwerb, die Sanierungs- und Umbauarbeiten und die damit verbundenen Kosten, aber auch für Sicherheit und Wohlbefinden des Bauherrn von großer Bedeutung. Die Zuversicht, »wir werden das schon schaffen« oder das Vertrauen in die Eigenleistung sind allein keine Grundlage für eine sichere Finanzierung.
Die Planung der Finanzierung und ihre gesamte Absicherung

sind durch die für den Laien kaum überschaubare Vielzahl von Finanzierungsmodellen sehr zeitraubend und mühsam. Finanzierungsmakler oder Banken und Sparkassen sind erfahrene Ratgeber. Insbesondere Sparkassen, Banken und Landesbausparkassen bieten in Erkenntnis der Schwierigkeiten, die mit der Finanzierungsplanung verbunden sind »Finanzierungspakete«, d. h. die Finanzierung aus einer Hand, an. Diese umfassen die komplette Finanzierungsvorbereitung und die gesamte Kreditabwicklung durch einen Gesprächspartner, in den meisten Fällen das Kreditinstitut des Bauherrn.
Die Vorteile einer solchen Abwicklung sind: Alle für die Finanzierung erforderlichen Unterlagen sind nur einmal an einer Stelle einzureichen, die Bearbeitungszeit wird verkürzt, und alle Kredite werden von einer Stelle ausgezahlt und später auch bei dieser getilgt.

KOSTENRAHMEN

Für die Aufstellung des Finanzierungsplanes ist die Übersicht über sämtliche mit dem Erwerb des Hauses, mit seiner Sanierung, Modernisierung und mit seinem Umbau verbundenen Kosten erforderlich. Der Kostenrahmen umfaßt:

1. Erwerbs-, Bau- und Baunebenkosten:
1.1 Kaufpreis
1.2 Erwerbskosten
   - Notar- und Gerichtskosten
   - Maklerprovisionen
   - Grunderwerbssteuer
   - Verwaltungs- und Behördenleistungen
1.3 Erschließungskosten Entwässerungs- und Versorgungsleistungen
2. Kosten für den Umbau:
2.1 Baukosten
- Kosten für sämtliche Bauleistungen
- Selbsthilfeleistungen
2.2 Baunebenkosten
   - Architekten- und Ingenieurleistungen
   - Verwaltungs- und Behördenleistungen
   - Beschaffung von Finanzierungsmitteln
   - sonstige Nebenkosten

BAUKOSTEN

Die meisten dieser Kosten sind ohne allzu große Schwierigkeiten ermittelbar. Die Berechnung der zu erwartenden Baukosten für Sanierung, Modernisierung und Umbau eines alten Gebäudes ist besonders im Vergleich zur Baukostenermittlung eines Neubaus schon schwieriger. Trotz aller Bestandsaufnahmen können sich im Altbau immer noch Überraschungen verbergen, die möglicherweise unvorhergesehene Kosten verursachen. Aus diesem Grund sollten bei der Ermittlung der Baukosten Finanzreserven von 15% der Gesamtbaukosten eingeplant werden.

SELBSTHILFE-LEISTUNGEN

Viele Bauherren gehen davon aus, daß Selbsthilfearbeiten, eigene oder die der Freunde und Bekannten, die Baukosten verringern können. In der ersten Begeisterung für das alte Gebäude und die Möglichkeiten, die es eröffnet, werden die Möglichkeiten der Selbsthilfe, des Selbermachens, schnell überschätzt. Ferien sind zeitlich begrenzt, die Wochenenden schnell vergangen. Sonstige freie Zeit bleibt selten übrig. Der Umfang der Selbsthilfeleistungen ist über die zeitlichen Möglichkeiten des Bauherrn und seiner Helfer hinaus abhängig von deren handwerklichen Fertigkeiten, von deren physischer und psychischer Kondition. Die größte Begeisterung und Energie können – auch wenn es um die Erfüllung eines Traumes geht – nach der ersten Euphorie schnell erlahmen.
Die Kostenersparnis durch selbst erbrachte Bauleistungen wird häufig zu optimistisch in die Kostenplanung eingebracht. Einsparungen über 10% der Baukosten sind in den meisten Fällen die Ausnahme. In vielen Projekten liegen sie eindeutig unter diesem Prozentsatz.
Die Baukosten werden im Rahmen seiner Planungsleistungen vom Architekten in der Kostenschätzung auf der Basis des endgültigen Entwurfs und im Kostenanschlag nach Einholung der Preise für die einzelnen Bauleistungen bei den Unternehmern auf der Basis der Ausführungspläne ermittelt.
Nach Festlegung des Kostenrahmens kann die Finanzierungsplanung in Zusammenarbeit mit dem Kreditinstitut beginnen. Nach Abzug der Eigenmittel von den gesamten Aufwendungen ergibt sich der Kreditbedarf, der über eine Vielzahl von Darlehensangeboten und deren Konditionen gedeckt werden kann.

BAUVERSICHERUNG

Ist schon der Versicherungsschutz beim Bau eines neuen Hauses, das ja in all seinen Bauteilen überschaubar und bekannt ist, ein besonderes Problem für Bauherren, Architekten und Unternehmer, so ist das Bauen im Bestand mit all seinen Unwägbarkeiten, mit noch größeren Risiken behaftet. Gegenüber dem Neubau gibt es beim Arbeiten an alten Mauern Versicherungsprobleme, die besondere Absicherungen notwendig machen.
Die Versicherungen sind in erster Linie am Abschluß eines Vertrages interessiert, im Schadensfall stellt sich dann häufig heraus, daß Unterversicherung, Ausschluß von Schäden in den Vertragsbedingungen, die vorher nicht gründlich genug geprüft worden sind, dem vermeintlich gut Versicherten das Nachsehen geben.
Aus der Sicht des Bauherrn sind folgende Versicherungsarten zu berücksichtigen und nach genauer Prüfung (auch des »Kleingedruckten«) in Anspruch zu nehmen:

1. Haus- und Grundbesitzerhaftpflichtversicherung

Versicherungsnehmer	Haus- und Grundbesitzer.
Versicherungsgegenstand	Alle Haftpflichtansprüche aus Grundstück und Gebäude.
Versicherte Risiken	Schadenversicherung für Personen, Sach- und Vermögensschäden aus Haftpflichtansprüchen Dritter.
Sonderrisiken	Schäden durch häusliche Abwässer. Schäden durch Heizöltanks sind gesondert zu versichern.
Hinweise	Bei privat genutzten Einfamilienhäusern ist die Grundstückshaftpflichtversicherung in der Privathaftpflicht enthalten, die Versicherungssumme beträgt bei baulichen Tätigkeiten DM 20000,– je Bauvorhaben, kann jedoch gegen Prämienzulage erhöht werden.

2. Gebäudeversicherung

Versicherungsnehmer	Der Eigentümer.
Versicherungsgegenstand	Das gesamte Gebäude mit all seinen Bestandteilen. Das Gebäudezubehör kann auf Wunsch mitversichert werden.
Versicherte Risiken	Sachversicherung gegen Feuer, Leitungswasser und Sturmschäden.
Sonderrisiken	Gesondert zu versichern sind Aufräumungs- und Abbrucharbeiten, Mitversicherung von Mietverlusten, Wasserschäden auf dem Grundstück, die nicht der Versorgung dienen, Schäden durch von außen eindringende Feuchtigkeit.
Hinweise	Feuer in einem Rohbau: Dem Versicherer ist die vorläufige Bausumme zwecks kostenlosem Einschluß einer Feuer-Rohbauversicherung aufzugeben. Danach sind die zum Bau benötigten Materialien gegen das Feuerrisiko mitversichert.

3. Hausratversicherung

Versicherungsnehmer	Eigentümer des Hausrats oder Hauseigentümer für den Hausratseigentümer.
Versicherungsgegenstand	Gesamter Hausrat.
Versicherte Risiken	Feuer, Einbruch, Diebstahl, Raub, Vandalismus, Leitungswasser, Sturm.
Sonderrisiken	Glasversicherung, Fahrräder.
Hinweise	Der Abschluß zum »Neuwert« ist empfehlenswert. Beim Umbau muß der Versicherer über die Gefahrenerhöhung, erhöhte Brandgefahr bei Schweißarbeiten, erhöhte Einbruch- und Diebstahlgefahr durch Gerüst am Haus informiert werden.

4. Bauherrenhaftpflicht

Versicherungsnehmer	Der Bauherr.
Versicherungsgegenstand	Personen- und Sachschäden.
Versicherte Risiken	–
Sonderrisiken	Bauen in eigener Regie mit Nachbarschaftshilfe.
Hinweise	Eigenleistungen sind nicht in der Versicherung enthalten und müssen gegen Mehrprämie versichert werden. Mitversichert ist dann auch die persönliche, gesetzliche Haftpflicht der unentgeltlich im Rahmen der Selbsthilfe tätigen Personen.

5. Gewässerschadenversicherung

Versicherungsnehmer	Hausbesitzer.
Versicherungsgegenstand	Personen-, Sach- und Vermögensschäden.
Versicherte Risiken	Gewässerschäden durch innen oder außen liegende Öltanks.
Sonderrisiken	Schäden, die durch Abweichungen von den jeweiligen Bestimmungen entstanden sind.

6. Bauleistungsversicherung

Versicherungsnehmer	Der Bauherr.
Versicherungsgegenstand	Der »Bau«.
Versicherte Risiken	Schäden am Bau durch unvorhersehbare Ereignisse während der Bauzeit. Diese können sein: ungewöhnliche Witterungsverhältnisse, Baumfälle, Fahrlässigkeit, Konstruktions- und Materialfehler.
Hinweise	Zusätzlich können versichert werden: Schäden durch Einsturz am Altbau, die unmittelbar durch daran ausgeführte Arbeiten entstehen, Schäden durch Diebstahl von fest eingebauten Teilen.

7. Bauberufsgenossenschaft

Versicherungsnehmer	Der Bauherr bei Eigenleistungen.
Versicherungsgegenstand	Gesetzliche Unfallversicherung für am Bau Tätige.
Versicherte Risiken	Betriebsunfall.
Hinweise	Bei Eigenleistung und Selbsthilfe ist die Versicherung der am Bau Tätigen bei der Berufsgenossenschaft anzumelden.

Werden die Umbauten unter verantwortlicher Mitwirkung von Architekten und Ingenieuren durchgeführt, so ist es ratsam, sich deren jeweilige Berufshaftpflichtversicherungen erläutern und bestätigen zu lassen und diese in die Werkverträge aufzunehmen.

Grundsätzlich gilt, daß jede Veränderung am Versicherungsgegenstand, wie z. B. Risikoerhöhung, dem Versicherer mitzuteilen ist, soll es nicht im Ernstfall böse Überraschungen und Enttäuschungen geben.

WOHNEN AUF DEM LAND

VIEHSTALL IM WALLIS

Architekten: Chabbey & Voillat
Martigny (CH)

DER BESTAND

In einer der schönsten Landschaften der Schweiz, im Wallis, fanden die Architekten für ihre Bauherren im malerisch gelegenen Rebbauerndorf Branson diesen ausgedienten Viehstall. Er stand schon längere Zeit leer, niemand wollte dieses hoch aufgerichtet am Hang stehende Gemäuer haben. Die Gründe für dieses mangelnde Interesse waren wohl die merkwürdigen Maße des Stallgebäudes, einer Länge von 17 Metern standen nur 4,35 Meter in der Breite gegenüber. Aber sicherlich auch die Auflagen der Denkmalschutzbehörde, die bemüht ist, das gesamte Dorfbild zu erhalten.
Der Antrag auf Vergrößerung des Stalles, vor allem in der Breite, hatte keine Erfolgsaussichten, ebensowenig wie Eingriffe in die alte Fassadenstruktur, die gekennzeichnet war durch den Wechsel von im Felsen verankertem Mauerwerk und dazwischen gefügtem, traditionellen Holzbau. Auch die Steindeckung des Daches mußte, wenn auch um 70 cm erhöht, erhalten werden.

DIE PLANUNG

Die Architekten sahen diese Vorgaben nicht als unüberwindliches Hindernis auf dem Weg zu einem anspruchsvollen Domizil, sondern als Herausforderung an.
Auf wenig Raum begegnen sich unmittelbar zwei gegensätzliche Welten, ohne in Widerspruch zu geraten. Die alte Hülle mit kleinen, schlitzartigen Öffnungen vermittelt den Eindruck von Schwere und Enge, die innere neue Architektur den von Offenheit und Weite. Türenlose Räume fließen ineinander, Öffnungen in den neuen Decken verbinden optisch die verschiedenen Geschosse. Die Höhe der alten Mauern wird durch die geschwungene Treppe, durch gerundete Galerien und Einbauten aufgehoben. Perfekt ausgebildete Details lassen die Tradition guter alter Handwerkskunst wieder aufleben.

DIE UMBAU-MASSNAHMEN

Der Umbau betrifft im wesentlichen den Einbau der Stahlkonstruktion mit drei Ebenen, verbunden durch zwei offene Treppen, die Einfügung einiger, Schießscharten ähnlichen Lichtschlitze auf der Tal- und Bergseite im Sockelgeschoß und Lichtbänder in der Holzkonstruktion der oberen beiden Geschosse. Schmale, senkrechte Fensterbänder lösen den Ostgiebel, eine zurückgesetzte, durchgehende Fensterfront den Westgiebel auf, ohne sie zu zerstören. Die Erhöhung des Daches um 70 cm, notwendig geworden für den Einbau der drei Ebenen, hat keinerlei störende Auswirkung auf die Proportionen des ehemaligen Viehstalles gehabt.

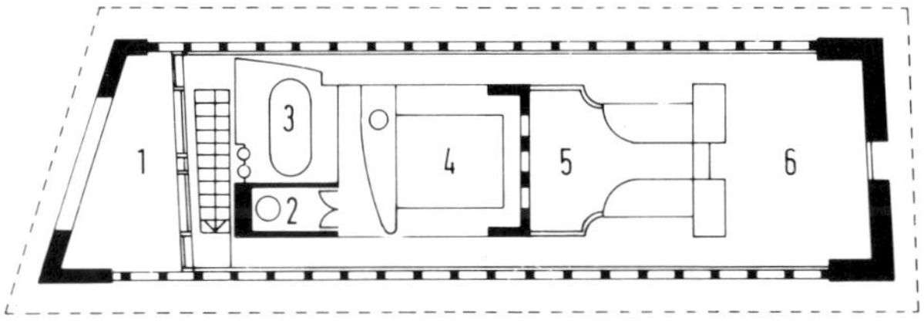

2. OG
1 Luftraum Terrasse
2 WC
3 Bad
4 Schlafen
5 Luftraum
6 Ankleide

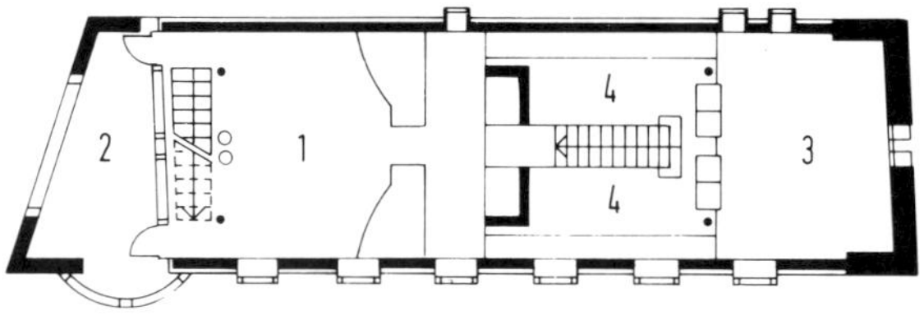

EG ▽
1 Diele
2 Garderobe
3 WC
4 Wohnraum

1. OG
1 Kochen/Essen
2 Terrasse
3 Arbeiten
4 Luftraum

M. 1:200

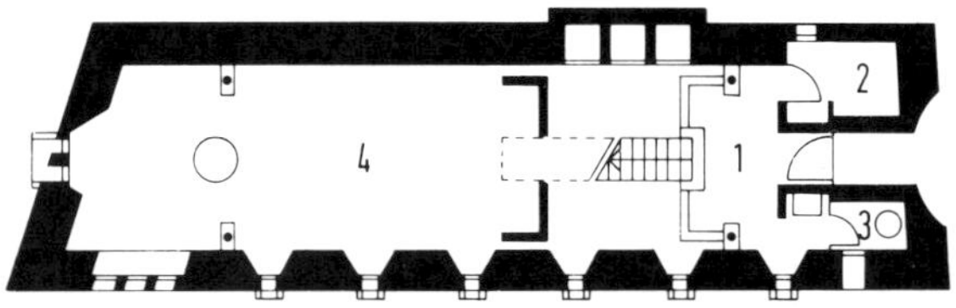

1 ▽

2 ▽

3 △

4 ▽

5 ▽

1 Die alte Hangfassade mit dem typischen Wechsel zwischen Sokkelmauerwerk und leichter Holzverkleidung des ehemaligen Heubodens

2 Der Viehstall vor dem Umbau

3 Der große Wohnraum im Erdgeschoß mit dem in der Längsachse stehenden Kamin

4 Die ehemals geschlossene Giebelfläche ist für die Belichtung des Eingangs durch einen Lichtschlitz geöffnet worden.

5 Die Planung hat die ehemalige Fassadenstruktur erhalten und nur um Schießscharten ähnliche Fensterschlitze im Sockelgeschoß und quadratische Fenster ergänzt.

7 Der Blick aus dem Erdgeschoß gegen die gewölbte Galerie ▷

8 Die sichtbare Konstruktion des angehobenen Daches und der seitliche Galeriebalkon ▽

6 Blick in die ebenfalls symmetrisch aufgebaute Küche

9 Die Symmetrie des Hauses in der Längsachse wird durch die Treppe besonders betont.

10 Seitenansicht der offenen Treppe im Obergeschoß

ALTES GEHÖFT IN DER EIFEL

Architekt: Peter Busmann
Köln

DER BESTAND

Das etwa 200 Jahre alte kleine Gehöft steht im Zentrum einer typischen oberbergischen Dorfsiedlung, die nach Westen geschützt in einer Talmulde und nach Süden und Osten zu einem Bachlauf hin angelegt ist.

PLANUNG UND BAUMASSNAHMEN

Gefragt, welches Wort dieses Haus am besten umschreibt, sagt der Architekt, er habe sich hier sein »Traumhaus« gebaut. Dieses Wort steht für drei wichtige Wünsche, die das Haus erfüllt: die Möglichkeit eines »atmenden Wohnrhythmusses« mit der klaren Trennung in ein »Sommerhaus« und ein »Winterhaus«. Die alte Scheune ist das Sommerhaus, mit großer Raumhöhe, vierseitig belichtet und mit ganz unterschiedlichen Tageslichtqualitäten. Unter konsequenter Ignorierung der Wärmeschutzverordnung ausgebaut, z. B. mit alten Abbruchsprossenfenstern und nur gegen Regen und Wind geschützt – und einem Kamin für die Übergangszeit –, schafft es mit seinen großen Dimensionen und seinem meditativen Charakter den Gegenpol zum Winterhaus, dem alten Fachwerkhaus mit den relativ kleinen und niedrigen Räumen, das auch bei großer Kälte vom zentralen Küchenofen schnell erwärmt wird und höhlenartige Geborgenheit bietet.
Neben die Polarität der Raumqualitäten trat der Wunsch nach dem »ungezähmten« Garten mit seinen durch die selbst vorgenommene Bepflanzung unterschiedlich belebbaren Außenräumen.
Und über allem stand der Grundsatz, einmal für sich selbst, ohne die sonst geforderte perfekte Planung bauen zu wollen, mit einfachen Mitteln, manchmal auch spontanen Entscheidungen und sehr viel eigener handwerklicher Mitarbeit.

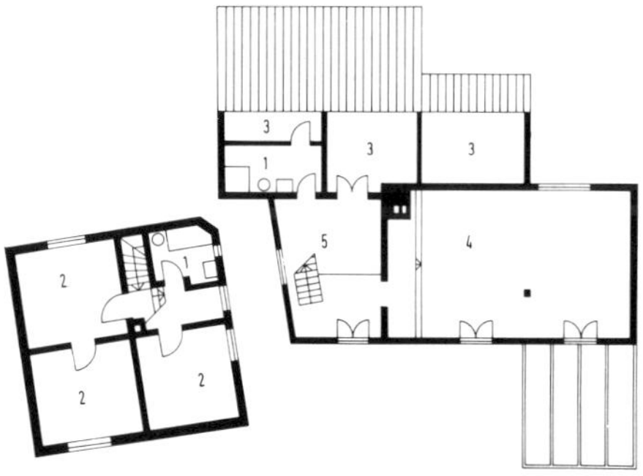

OG
1 Bad
2 Schlafen
3 Luftraum
4 Musikzimmer
5 Diele

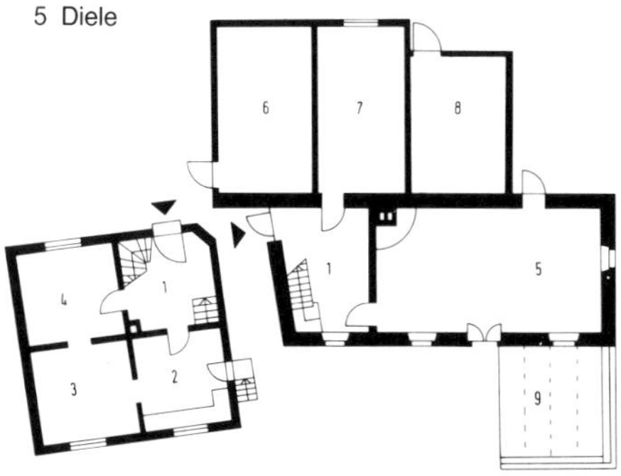

EG
1 Diele
2 Küche
3 Essen
4 Wohnen
5 Atelier
6 Holzlager
7 Abstellraum
8 Gartengeräte
9 Sitzplatz

M. 1:400

11 Das restaurierte Fachwerkhaus ist kleinteiliges »Winterhaus«, Rückzugsmöglichkeit in der kalten Jahreszeit.

12 Die Lage des Hauses im Dorf und in der Landschaft

13 Der über drei Geschoßhöhen reichende große Raum des »Sommerhauses«

14 Das kleine Treppenhaus in der alten Scheune

15 Der Erdgeschoßwohnraum des kleinteiligen »Winterhauses«

ALTES BAUERNHAUS IN LUXEMBURG

Architekt: Klaus Petersen
Illertissen

DER BESTAND

Dieses luxemburgische Bauernhaus aus dem späten 16. Jahrhundert vereinigte Scheunen, Wohnteil und Viehstall unter einem langgezogenen, schiefergedeckten Satteldach, als es noch landwirtschaftlich genutzt wurde.
Charakteristisch für die Bauernhäuser dieser Gegend Luxemburgs ist das bogenförmig überwölbte Scheunentor zu dem der Straße abgekehrten und nicht einsehbaren eigentlichen Hof. Knappe Dachüberstände und die mit Sandsteingewänden eingefaßten Fenster- und Türöffnungen und die weiß gekälkte Putzfassade sind weitere Merkmale für diese regionale Bauweise.
Das Gebäude stand bei Übernahme leer, an einer erneuten landwirtschaftlichen Nutzung bestand kein Interesse. Die Bausubstanz war sehr gut erhalten, nur in der Straßenfassade haben im Lauf der Zeit vorgenommene Veränderungen die ursprüngliche Architektur verwischt.

DIE PLANUNG

Die Aufgabe bestand darin, dieses ehemals landwirtschaftlich genutzte Gebäude, bei möglichst wenigen Eingriffen in die alte Grundrißstruktur und die Fassaden, in ein Wohnhaus umzuplanen.
Durchbrüche in den alten Mauern sollten da, wo sie für die neue Nutzung erforderlich waren, möglichst schmal sein, um die ursprüngliche Raumfolge erkennbar zu lassen.
Alte Bauteile – wie Holztreppe, Holzdecke und Teile des Holzbodens – mußten aufgearbeitet und erhalten bleiben. Neben den Räumen für die Bauherren war noch eine Einliegerwohnung unterzubringen, deren Ausbau in einem zweiten Bauabschnitt vorgenommen wird.

OG
1 Gäste
2 Bad
3 Sauna
4 Schlafen
5 Ankleide
6 Arbeiten
7 Luftraum Garage
8 Wohnen
9 Loggia

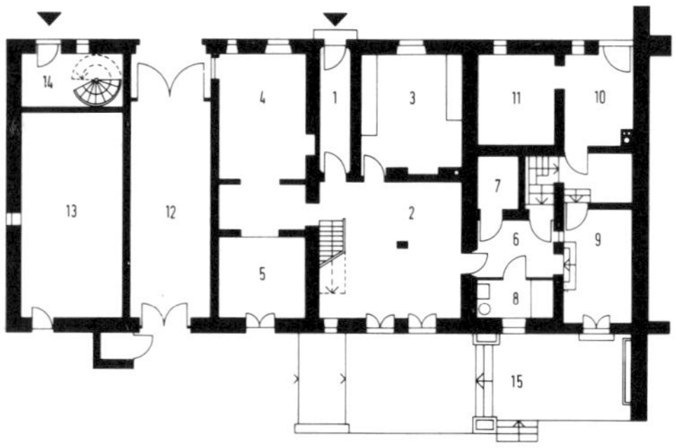

EG
1 Eingang
2 Essen
3 Küche
4 Wohnen
5 Bibliothek
6 Garderobe
7 Technik
8 Dusche/WC
9 Hauswirtschaftsraum
10 Heizung
11 Tank
12 Garage
13 Abstellraum
14 Eingang Ferienwohnung
15 Terrasse

M. 1:400

DIE UMBAU-MASSNAHMEN

In der Straßenfassade wurde das ehemalige Scheunentor als neue Garageneinfahrt zurückgesetzt, dadurch erhielt der Wohnraum ein zusätzliches Fenster nach Westen. Die Fenstergewände aus Sandstein wurden wieder freigelegt und teilweise erneuert, die störenden Rolläden entfernt, die Fenster wurden ebenfalls erneuert.
Im Innern wurden durch schmale Durchbrüche getrennt genutzte Räume miteinander verbunden, ohne dadurch die alte Raumstruktur zu stören.
Die ehemals zentral liegende Wohnküche wurde zum Eßzimmer, ein Teil der alten Scheune zum Wohnraum mit Bibliothek. Im früheren niedrigen Stallteil wurde die erforderliche Haustechnik untergebracht. Eine neue Treppe führt zu den Schlafräumen unter dem Schieferdach.

16 Zustand vor dem Umbau mit den typischen Erscheinungen einer schlechten »Modernisierung«

17 Die Sandsteinfenstergewände wurden freigelegt, die störenden Rolläden entfernt und das Scheunentor zurückgesetzt.

18 Die freigelegten Natursteingewände und das alte Scheunentor auf der Gartenseite

19 Das blockhafte Natursteingewände lag unter einer Putzschicht verborgen.

20 Der frühere Stall ist heute Hauswirtschaftsraum mit vorgelagerter Terrasse.

21 Der Ausgang vom Wohnraum in den Garten

22 Der Eßraum mit Zugang zum Garten

23 Der Wohnraum mit der erhaltenen Bruchsteinwand

24 Der Schlafraum bietet mit seinem Podest den Ausblick in den Garten.

25 Der schmale offene Durchgang zum Bad

EINFIRST-BERGHOF IN BAYERN

Architekt: Professor Paul Schneider-Esleben
Düsseldorf

DIE AUSGANGSLAGE

Der Einfirst-Berghof »Engelhartsperch«, heute »Gut Engelsberg«, wird im Jahre 1270 das erste Mal erwähnt. Das landwirtschaftliche Anwesen ist seit jeher in seinen Grenzen unverändert geblieben und wird heute, nach Sanierung und Umbau, auch wieder als landwirtschaftlicher Betrieb genutzt.
1982 wurde der stark verkommene, teilweise abgebrannte und in seiner baulichen Substanz gefährdete Hof mit der abgewirtschafteten Landwirtschaft gekauft.
Das im Auergebirge auf 1000 m Höhe liegende Anwesen ist nach alten örtlichen Bauregeln gebaut: Die Längsseite des Hauses verläuft in Ost-West-Richtung, der Wohnbereich lag immer nach Osten, die Stallungen nach Westen als Schutz gegen Regen und Weststürme, die Temperaturdifferenz zwischen Nord- und Südseite sorgte für die notwendige Belüftung der Stallungen.
Das Untergeschoß bestand aus Bruchstein, das Obergeschoß darüber ist im 15. Jahrhundert in Holzblockbauweise errichtet worden.

DAS PLANUNGSKONZEPT

Mit dem Erwerb des denkmalgeschützten Hofes waren drei Ziele verbunden:
Die gesamte bauliche Substanz des Hauses sollte grundlegend saniert, die durch Brand zerstörten Gebäudeteile des hölzernen Obergeschosses wiederhergestellt werden.
Der Grundriß und der technische Ausbau sollten unter weitgehender Beibehaltung alter Raumfolgen auf die Anforderungen heutiger Wohnansprüche abgestimmt werden.
Land- und Forstwirtschaft des Hofes – seine ursprüngliche Zweckbestimmung – sollten wieder aufgebaut und wirtschaftlich betrieben werden. Ein zweites, nördlich hangabwärts gelegenes Gebäude beherbergt die hierfür notwendigen Betriebsräume.

DIE UMBAU-MASSNAHMEN

In mühevoller Arbeit wurde das Erdgeschoß-Bruchsteinmauerwerk im westlichen Teil abschnittsweise abgebrochen und auf neuen Fundamenten mit Feuchtigkeitssperren zweischalig wieder aufgebaut. Die Wiederherstellung des in Teilen ebenfalls zerstörten Obergeschosses, der alten Fenster- und Türproportionen und die Eindeckung des Daches mit Holzschindeln gaben dem Hof sein ursprüngliches Erscheinungsbild wieder, die neuen technischen Einbauten, Heizung, Bäder, Strom- und Wasserversorgung, machten ihn den heutigen Anforderungen entsprechend wieder bewohnbar.
Zentrum des Hofes für Familie, Freunde und Gäste ist die große zweigeschossige Halle, in der das Zusammentreffen von alter Zimmermannsbauweise und neuer Stahlkonstruktion zu erkennen gibt, worin der Reiz des Hauses liegt: in der selbstverständlichen Gegenüberstellung von Vergangenheit und Gegenwart, von jahrhundertealter handwerklicher Tradition und industrieller Bauweise, von schönen alten und neuen Gegenständen des täglichen Lebens.

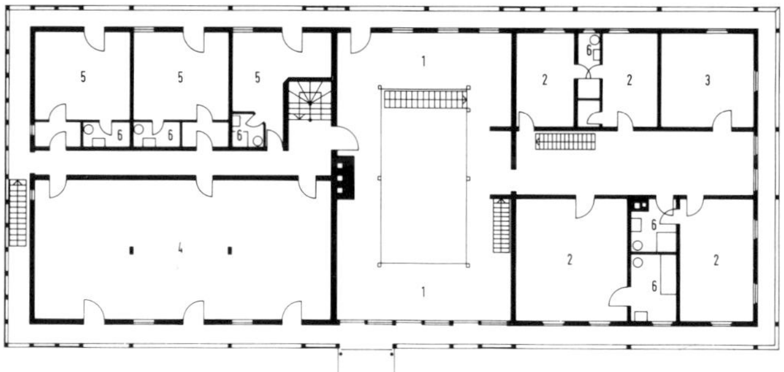

OG
1 Galerie
2 Schlafen
3 Wohnen
4 Atelier
5 Gast
6 Bad/WC
7 Rampe

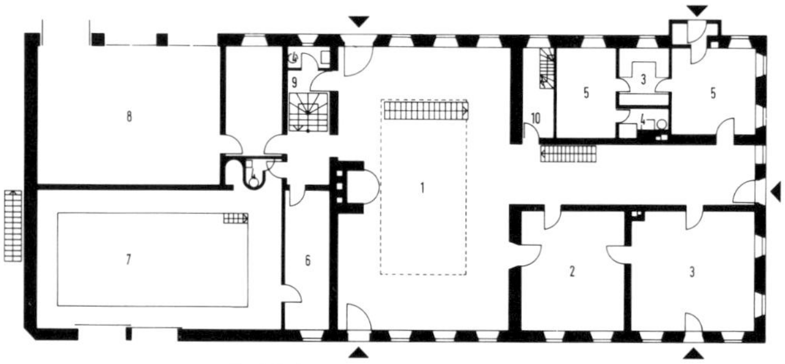

EG
1 Wohnhalle
2 Essen
3 Küche
4 Bad/WC
5 Gast
6 Technik
7 Schwimmbad
8 Garage
9 Garderobe
10 Speisekammer

M. 1:400

26 Vision des Architekten

27 Vor dem Umbau

28 Hof Engelsberg, der Ostgiebel 29 Die Gartenseite mit der alten Rampe

30 Das Eßzimmer mit der vorgefundenen Deckentäfelung und alten Innentüren

31 Kleiner Wohnraum mit der ursprünglichen Täfelung und dem Kachelofen aus der Jahrhundertwende

32 Flez in der Längsachse des Hauses

zu Seite 39
33 Der Kreuzungspunkt des Hauses: Wohnhalle und Flez

◁ 34 Blick von der Galerie in die Wohnhalle

35 Die große Wohnhalle mit neuer Stahltreppe zur Galerie

36 Die Wohnhalle zur Gartenseite

WASSERMÜHLE IM SCHWARZWALD

Architekten: Atelier 77, Anke Fuchs-Keck
und Dieter K. Keck
Ettlingen

DER BESTAND

Die Kochmühle, ein kleines Wasserkraftwerk, liegt im Albtal am nördlichen Rand des Schwarzwaldes, ein Flußtal, in dessen Verlauf von alters her viele Mahl-, Öl-, Schleif- und Holzmühlen ihre Arbeit taten. Die Geschichte dieser Mühle reicht zurück bis ins 13. Jahrhundert. Die badischen Markgrafen hatten diese Mühlen bauen lassen, die ihnen, da die Bauern der umliegenden Dörfer in ihnen mahlen lassen mußten, ein sicheres Einkommen garantierten.
Im Laufe einer langen Geschichte wurde viel um- und angebaut. Mitte der 70er Jahre wurde der Mühlenbetrieb mit dem Ruhestand des letzten Müllers eingestellt. 1977 erwarben die Architekten das inzwischen verfallende Wasserkraftwerk, sanierten und bauten es für die Nutzung als Wohn- und Atelierhaus in Abstimmung mit dem Amt für Denkmalschutz um.

DIE PLANUNG

Eine grundsätzliche Entscheidung war, der Mühle wieder – so weit wie möglich – ihre alte Erscheinungsform zurückzugeben, die Mühltechnik und das Mahlwerk im Atelier sichtbar zu lassen und mehr noch, die Wasserkraft für die Stromversorgung des Hauses zu nutzen. Die Mühle sollte das Atelier und die Wohn- und Schlafräume zweier Generationen aufnehmen.

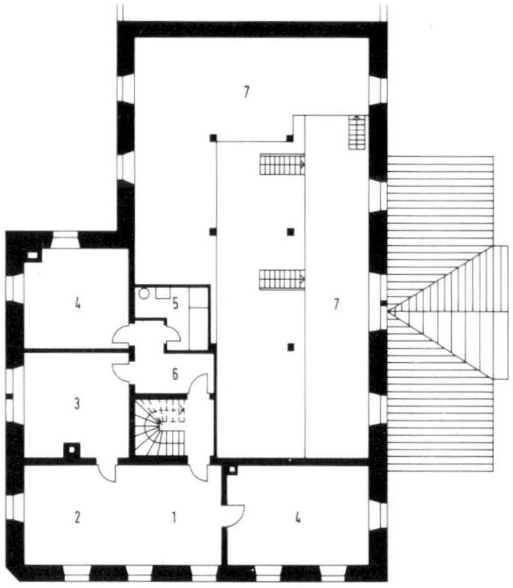

OG
1 Wohnen
2 Essen
3 Küche
4 Schlafen
5 Bad
6 Diele
7 Galerie

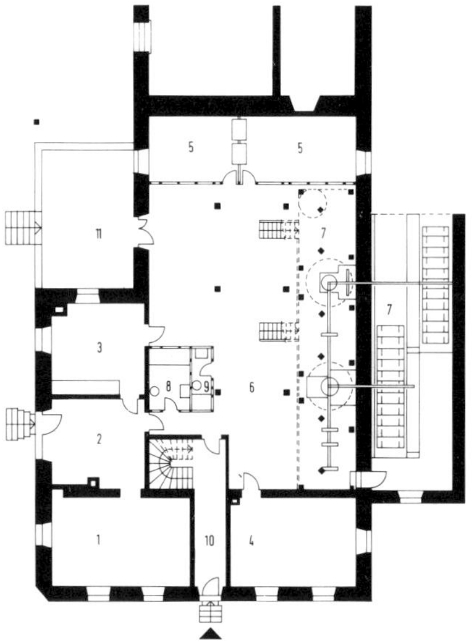

EG
1 Wohnen
2 Essen
3 Küche
4 Schlafen
5 Gast
6 Mühlenraum
7 Mühltechnik
8 Bad
9 WC
10 Zugang Einliegerwohnung
11 Terrasse

M. 1:400

DIE UMBAU-MASSNAHMEN

Mit viel Liebe und Eigenleistung wurde der Bestand vom schadhaften Dachstuhl bis hin zu Wänden, Fenstern und Türen nach alten Vorlagen rekonstruiert. Der alte Mühlenraum, durch Holzstützen gegliedert, wurde zum offenen Atelier mit einer umlaufenden Galerie, von der man auf die alte Mühltechnik schaut. Der ehemalige Wohnteil der Mühle war zwei Wohnungen vorbehalten, eine im Erdgeschoß, die andere im Obergeschoß. Die Wohnung im Obergeschoß erhielt einen separaten Eingang, die Räume der erdgeschossigen Wohnung wurden um den zentralen Mühlenraum angeordnet. Eines der ursprünglich drei Wasserräder setzten die neuen »Müller« wieder instand, um mit dessen Betrieb und Leistung von sechs Kilowatt die Stromversorgung des Hauses zu sichern. Je nachdem, wieviel Wasser die Alb führt, liefert das kleine Wasserkraftwerk etwa 25000 Kilowattstunden elektrischer Energie im Jahr – genug für die Eigenversorgung.

37 Vor der Übernahme durch die neuen Eigentümer ist in der Mühle durch Verfall und Abbruchmaßnahmen viel von der noch intakten Substanz zerstört worden.

38 Der Mühlbach mit Schieber und Rechen nach der Restaurierung

40 Der wiederhergestellte stattliche Mühlenbau

39 Der Zustand der heute wieder restaurierten Mühlenmechanik zu Beginn der Umbaumaßnahmen

41 Die Mühlenmechanik wurde wieder instandgesetzt und versorgt heute – je nach Wasserstand der Alb – das Anwesen mit ausreichend Strom, und – trotz erheblicher Restaurierungsleistungen – billiger als durch die öffentliche Versorgung.

42 Die Mühlentechnik ist überall gegenwärtig.

43 Konstruktion und Gerätschaften des Mühlenbetriebes wurden, so weit es ging, erhalten.

44 Blick von der Ateliergalerie in den großen Mühlenraum

45 Die Vielzahl der alten Gerätschaften erinnert stets an die Mühlentradition.

46 Der neu ins Erdgeschoß eingestellte Badkubus: Holz bis hin zur Waschtischeinfassung

47 Die zeitgemäße Möblierung der Räume als Kontrast zur alten Bausubstanz

48 Wohnraum zum Gartenhof

49 Die alten Sprossenfenster sind leider vom Vorbesitzer zerstört worden und mußten nachempfunden werden.

WASSERMÜHLE IN NORDRHEIN-WESTFALEN

Architekten: Weida und Kovacs
München

DER BESTAND

1551 wird der Bau zum ersten Mal urkundlich als Walkmühle zur Herstellung von Filzen erwähnt. 80 Jahre später wird sie zur Öl- und Getreidemühle erweitert und leistet ihren Dienst – seitdem durchgehend im Familienbesitz – bis in die Mitte der 60er Jahre. Dann wird der Mühlenbetrieb eingestellt, die Tradition bricht ab, das Gebäude wird aufgegeben, die Wasserrechte an das Wasserwirtschaftsamt verkauft, das erst einmal den Mühlenbach trokkenlegt und den Wasser spendenden Soestbach mit glatten Steilufern begradigt. Diese Maßnahme verändert nicht nur radikal das Landschaftsbild, sie ließ auch die Fundamentpfähle des Mühlengebäudes austrocknen, das daraufhin einen halben Meter absackte. Technische Hilfswerke, die den aufgelassenen Bau als Übungsgelände benutzten – Transport und Bergung der schweren Mühlsteine – zerstörten weite Teile der inneren Substanz. Das große Grundstück wurde als Baumschule für landschaftsfremde Baumarten und als wilde Müllkippe genutzt.

Trotz des desolaten Zustandes der Mühle war der Reiz der Gesamtanlage noch zu erahnen, was den Bauherrn bewog, sich auf die Umnutzung und Erhaltung des historischen Mühlenareals einzulassen.

DIE PLANUNG

Oberstes Gebot der Planung war daher, den Mühlenbau wiederherzustellen, die Mühltechnik zu rekonstruieren und behutsam die ehemalige Lagerseite des Gebäudes zu Wohnzwecken umzubauen. Nebengebäude, Außenanlagen und Mühlbach sollten in den ursprünglichen Zustand zurückversetzt werden – Müller lebten autark – einschließlich der hier einst heimischen Tierwelt.

Zur Durchführung der Baumaßnahmen gründete der Bauherr eine eigene kleine Baufirma, deren Mitarbeiter, kurz vor der Pensionierung stehend, anderweitig keine neue Arbeitsstelle fanden. Sorgfältig detaillierte Planunterlagen, die erheblichen Eigenleistungen der Familie und diese ungewöhnliche Organisationsform waren Garant für einen guten und kostengünstigen Bauablauf.

DIE BAUMASSNAHMEN

Das Gebäude mußte gegen weiteres Absacken neu unterfangen werden, das Fachwerk wurde freigelegt, schadhafte Stellen ergänzt und dann zweischalig neu ausgefacht und nach altem Rezept innen und außen verputzt: Kalkputz mit Quarzsand und Weißzement in geringen Beimengungen. Dadurch mußte der so durchgefärbte Putz nicht mehr mit Farbe behandelt werden, was den Oberflächen eine besonders strahlende Helligkeit verleiht.

Das Mühlrad, das noch in Resten vorhanden war, wurde in einer Holz-Eisenkonstruktion neu erstellt, Getriebe und Mahlwerk wurden bis hin zu den Eichenzähnen der Räder sorgfältig überholt und restauriert. Mühlenteich und Wehrbereich wurden neu angelegt, ebenso die Wasserführung durch das Haus, die durch Schieber abgesperrt werden kann. Der Mahlwerkraum wurde in seiner alten Form belassen, ebenso der Mahlgangraum im Obergeschoß, der jetzt großzügiger Vorraum zu den Kammern ist. Eine offene Galerie umgibt Mühlrad und Wassergrabenbereich.

Im Erdgeschoß wird der Mühlenteil zum Wohnbereich deutlich durch neue Eisentüren und Fenster abgetrennt.

Die ursprünglich vorhandenen Nebenbauten wie Backhaus, Butterhaus und Viehhaus wurden sorgfältig rekonstruiert, und auch der für das Müllerhandwerk typische Esel lebt heute wieder auf dem Grundstück.

Die Außenanlagen wurden entrümpelt, die Müllkippe abgetragen und das Areal wieder in den Wiesenzustand zurückversetzt. Die in der ehemaligen Baumschule gezogenen, aber für die Soester Börde untypischen Baumarten, wurden umgesetzt und durch eine Vielzahl von landschaftsgerechten Bäumen und Sträuchern ausgetauscht. Die Zufahrt zur Mühle wurde mit Altpflaster belegt und durch eine neue Lindenallee eingefaßt.

Das Anwesen steht inzwischen unter Denkmalschutz, die baulichen Maßnahmen wurden daher auch finanziell unterstützt.

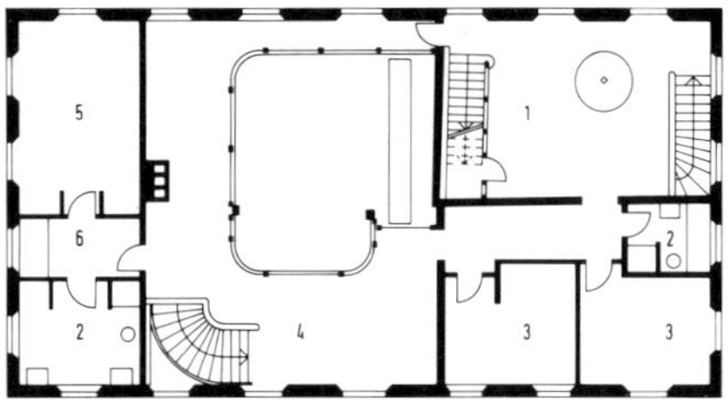

EG ▽
1 Diele
2 Arbeiten
3 Wirtschaftsraum
4 WC
5 Mühlenwerk
6 Wohnen
7 Essen
8 Küche

M. 1:400

OG
1 Diele
2 Bad
3 Gast
4 Galerie
5 Schlafen
6 Badediele

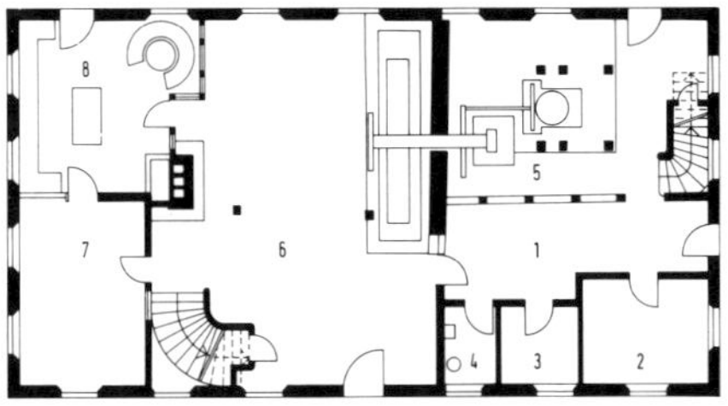

50 Das Haupthaus der Mühle vor den Bauarbeiten

51 Der restaurierte Giebel und der wieder gebrauchsfähige Brunnen – gemauert aus den Abbruchsteinen der Fachwerkausfachungen

52 Die Haupteingangstür wurde dem alten Vorbild nachempfunden.

53 Das auch mit den Nebengebäuden vollständig restaurierte Ensemble

54 Der mit altem Pflaster belegte Weg zur Mühle wird heute wieder von einer neu gepflanzten Lindenallee eingefaßt.

55 Wie einst läuft der Mühlbach wieder durch das Haus. Die Terrasse wurde über das Wasser gelegt.

56 Der Wohnraum wird durch die neue Eisentür mit der Eingangsdiele verbunden.

57 In dieser Mühle ist das innenliegende Mühlrad ungewöhnlich. Es diente früher zwei Mahlbetrieben. Die gesamte Mühltechnik wurde saniert, das Schaufelrad aus neuen Elementen zusammengesetzt und in den Wohnraum miteinbezogen.

58 Der aus Abbruchziegeln aufgebaute Kamin dient auch als Umluftheizung mit extra angelegten Luftkanälen bis ins Obergeschoß.

59 Der aus einem Stück gehauene neue Spülstein

60 Die fehlende Nebeneingangstür wurde durch eine neue ersetzt. Davor ein Mühlstein als Stufe.

61 Die Küche mit dem mühlradförmigen Sitzplatz, von dem aus man über den Mühlkanal in die weite flache Landschaft sieht.

62 Die Symmetrie des Hauses wurde auch im Bad wieder aufgenommen.

63 Auch im Obergeschoß wurde die alte Mühltechnik erhalten. Die Zange diente zum Wechseln der Mühlsteine, wenn diese nachgeschliffen werden mußten.

ALTE KATE BEI HAMBURG

Architekten: GEMOpv, Possehn, Voges
Hamburg

DER BESTAND

Die alte Kate steht in Hummelsbüttel, einem Vorort von Hamburg. Sie ist eines der letzten Zeugnisse bäuerlicher Baukultur in diesem Gebiet. Ein sogenanntes Rauchhaus mit zwei offenen Feuerstellen unter dem Dach, ohne Schornstein.
Die Kate sollte abgerissen werden. Es folgten jahrelange zähe Verhandlungen mit der Stadt, bis aus dem Abrißobjekt ein »besonders erhaltenswertes Gebäude« wurde, das heute unter Denkmalschutz steht.
Es wurde ein langfristiger Pachtvertrag mit der Stadt geschlossen, die neuen Pächter übernahmen die Umbau- und Restaurierungskosten, und als der »Erfolg« dieses zähen Erhaltungskampfes sichtbar wurde, übernahmen sogar das Amt für Denkmalschutz und auch die Stadt noch einen Teil der Baukosten.

DIE PLANUNG

Die Aufgabe hieß: Erhalt und Restaurierung der alten Bausubstanz und Umbau zu einem zeitgemäßen Wohnhaus für eine fünfköpfige Familie mit Ausbau des Dachgeschosses, um die ursprüngliche Grundfläche von 100 auf 160 m² zu erweitern.

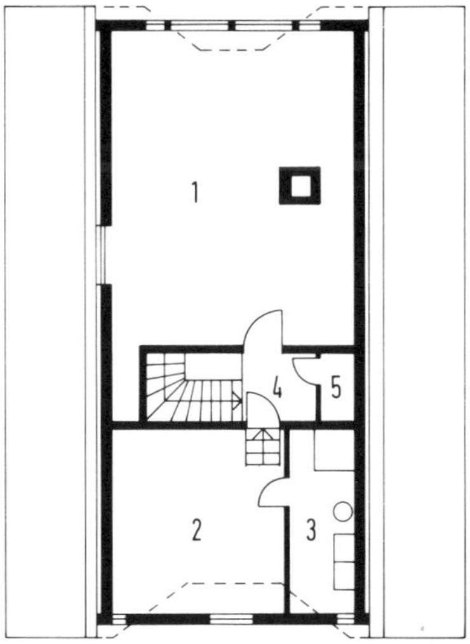

DG
1 Kinder
2 Eltern
3 Bad
4 Flur
5 Abstellraum

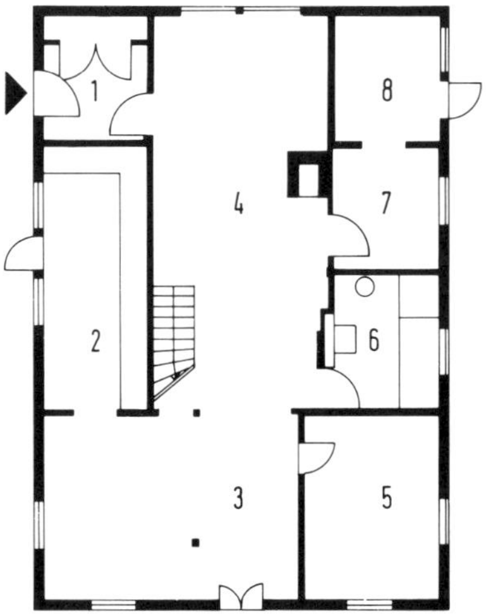

EG
1 Windfang
2 Küche
3 Essen
4 Wohnen
5 Arbeiten
6 Bad
7 Hausarbeitsraum
8 Abstellraum

M. 1:200

DIE UMBAUMASSNAHMEN

Die vorhandenen Außenwände erhielten neue unterfüllte Streifenfundamente, ebenso die inneren Trennwände. Das Eichenfachwerk mußte an vielen Stellen erneuert werden, für die Ausmauerungen wurden Abbruchsteine aus einem abgebrannten Bauernhof der Umgebung verwandt. Die Innenwände wurden gemauert und verputzt, das Dachgeschoß wurde feuerhemmend in Leichtbauweise ausgebaut und das vorhandene Reetdach ausgebessert und nachgedeckt.
Die Fenster und Außentüren mußten erneuert werden, innen konnten die alten Türen nach Aufarbeitung wiederverwendet werden.
Neu ist auch die gesamte Sanitärausstattung, die Elektroinstallation und die zentrale Gasheizungsanlage mit Warmwasserbereitung.
Auch die Außenanlagen wurden wiederhergestellt, mit Kräutergarten, Obstbäumen und Weide- und Auslaufflächen für Kleintiere und Schafe.
Trotz der umfangreichen Restaurierungs- und Umbaumaßnahmen lagen die Baukosten nur bei etwa ⅔ vergleichbarer Neubaukosten.

zu Seite 50
64 Die alte Rauchkate. Ursprünglich hatte sie keine Schornsteine, sondern offene Feuerstellen.

65 Nach der Restaurierung und wieder ohne Schornsteine

66 Hinter dem großen Tor lag früher die »Grootdeel« für Wagen und Gerätschaften, heute ist es der Wohnraum.

67 Der Eingang mit »Klöndör«

68 Das kleine Eßzimmer mit alten Deckenbalken und neuen Kastenfenstern

69 Die Spielwiese unterm Dach

70 Die Diele mit neuem Aufgang ins Dachgeschoß und altem Bollerofen zum Heizen in der Übergangszeit

71 Das Bad mit altem Apothekerschrank

EHEMALIGES WINZERHAUS IN DER STEIERMARK

Architekten: Professor Karla Szyszkowitz-Kowalski,
Michael Szyszkowitz
Graz

DER BESTAND

Das Winzerhaus aus dem 18. Jahrhundert liegt an der »Weinstraße« in der Südsteiermark. Der verlassene Besitz war dem Verfall preisgegeben, bis eine Familie aus Graz das Anwesen übernahm und zu seinem Hauptwohnsitz in dieser herrlichen Landschaft ausbauen wollte.

DIE PLANUNG

Aufgabe war, das Winzerhaus in seiner ursprünglichen Form und Struktur zu erhalten und gleichzeitig so umzubauen, daß es alle Wohnwünsche einer vierköpfigen Familie aus der Stadt erfüllt. Dabei war es dem Bauherrn und den Architekten wichtig zu zeigen, daß in diesem Haus ein Funktionswandel stattgefunden hat: wo früher ein Weinbauer gelebt hat, leben heute Städter. Ohne diesen Nutzungswandel wäre das Haus verfallen.

DIE UMBAU-MASSNAHMEN

Der Gesamtumfang der Renovierung und der Umbaumaßnahmen war durch den Bestand vorgegeben, lediglich das Dachgeschoß wurde als zusätzliche Schlafebene ausgebaut.
Die zerstörten und verfallenen Gebäudeteile, Giebel und Scheune, wurden durch neue ersetzt, die sich nicht volkstümlich einpassen, sondern ganz bewußt durch ihre Materialien und die Formensprache absetzen und auf den vorgenommenen Funktionswandel hinweisen.

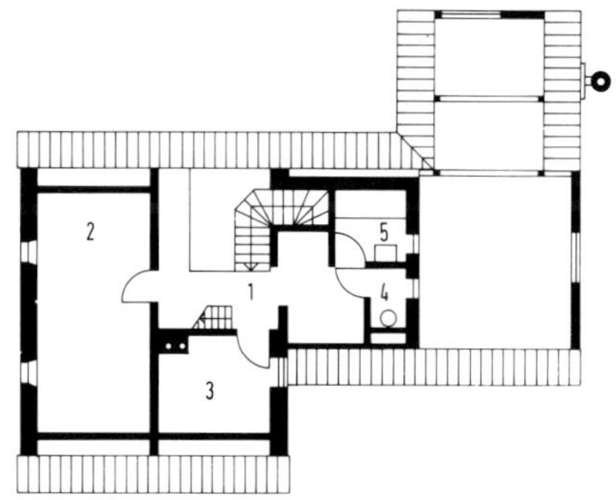

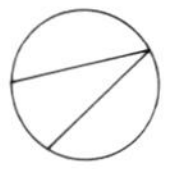

OG
1 Flur
2 Schlafen
3 Kind
4 WC
5 Bad

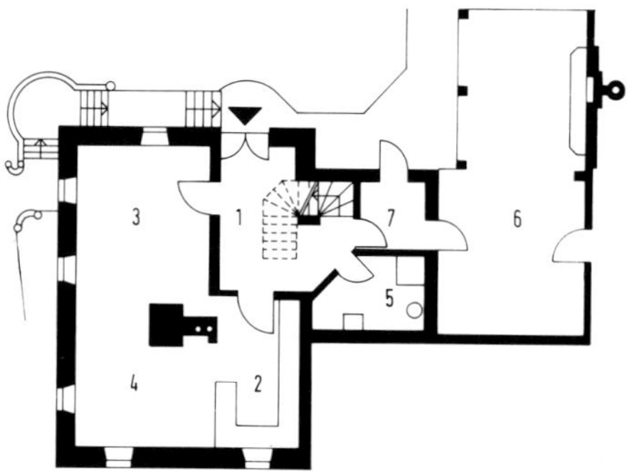

EG
1 Diele
2 Küche
3 Wohnen
4 Essen
5 Bad
6 überdachte Terrasse
7 Vorraum

M. 1:300

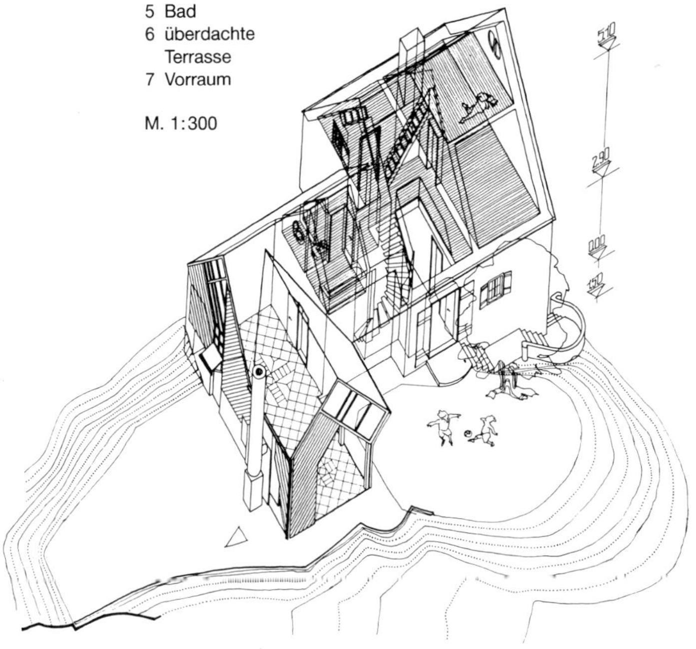

72 Axionometrie

73 Das aufgegebene Winzerhaus in den Weinbergen

76 Die geschützte Lage in der Mulde mit weitem Blick über die Landschaft ▷

74 Das erhaltene Winzerhaus mit neuen Architekturelementen

75 Der Nordgiebel außen

77 Der geöffnete Westgiebel mit weitem Ausblick

78 Die Rückseite zeigt: hier mußte alles erneuert werden.

79 Der neue Scheunengiebel

80 Der geöffnete Nordgiebel von innen

81 Die renovierten und ergänzten Giebel

82 Das offene Treppenhaus, mit der überall dominierenden Holzstruktur

83 Die Schlafgalerie

84 Die Treppe zur Schlafgalerie

HOFANLAGE IN SCHALKENBACH

Architekt: Dr. Godfrid Haberer
Köln

DIE AUSGANGSLAGE

Das Anwesen besteht aus einem kleinen Fachwerkhaus aus dem 17. Jahrhundert, einer 100 Jahre alten Scheune und einem dicht an der Straße liegenden Stallgebäude. Ein kleinerer unterer und ein größerer oberer Garten, mit wilden und alten Obstbäumen – fast zu einer Waldlichtung zugewachsen – und mit Sonne vom Morgen bis zum späten Abend, fassen die kleine Anlage ein. Dieser hintere Garten ist ein flacher Südosthang, der auf der Höhe des Satteldaches beginnt, so daß die Scheune in ihrer vollen Höhe von zwei Geschossen mit Natursteinen gegen den Hang hin gebaut worden ist.
Bis zum Kauf stand das Anwesen fünf Jahre lang leer, nur der untere Wohnraum war noch benutzbar, der Rest in sehr schlechtem Zustand.

DAS PLANUNGSKONZEPT

Die Nutzung der alten Anlage sollte auf verschiedenen Ebenen verteilt, vielfältig sein können.
Die Anlage wird durch das Versetzen der Scheunentore in die alte Hofmauer und durch die Schaffung eines Innenhofes zwischen Nachbarbebauung und altem Stallgebäude zur Straße hin abgeschirmt. Ein zweiter Zugang, östlich des alten Stallgebäudes, führt in den höher gelegenen, hinteren Gartenteil.

DER UMBAU

Da die unmittelbare Beziehung zum oberen Garten nur über einen Dachausbau der Scheune mit Ausgang geschaffen werden konnte, entstand zwischen den beiden Hauptstützpunkten im Scheunenraum ein 3,50 Meter breites »Querschiff« zum Satteldach, mit einem verglasten Giebel zum Garten und zur Straße. Der so entstandene zentrale Raum des Hauses ist 12 Meter lang und gliedert sich

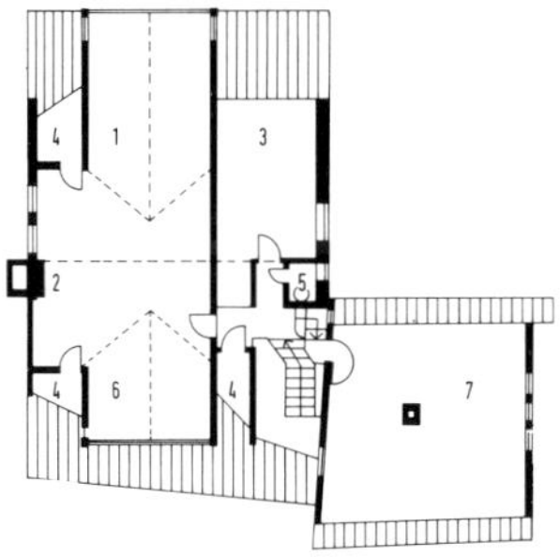

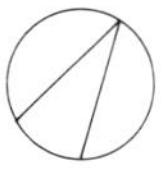

2. OG
1 Wohnen
2 Kochen
3 Schlafen
4 Abstellraum
5 WC
6 Essen
7 Atelier

1. OG
1 Musikraum
2 Schlafen
3 Arbeitsraum
4 Bad
5 Kind
6 Gast

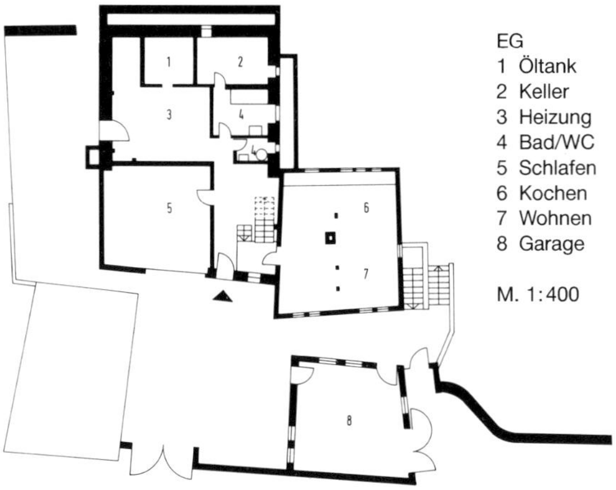

EG
1 Öltank
2 Keller
3 Heizung
4 Bad/WC
5 Schlafen
6 Kochen
7 Wohnen
8 Garage

M. 1:400

85 Das alte Gehöft vor dem Umbau – direkt an der Straße gelegen, aber dafür mit vielen Vorzügen, die eine Umnutzung sinnvoll machten.

86 Über eine enge Gasse erreicht man den zur Straße abgeschirmten Eingangshof, der sich auch für kleine Theaterspiele eignet. Oben der verglaste Giebel des neuen, 12 m langen »Querschiffes«.

in Eßplatz, Kochbereich und Sitzecke zum Garten.
Schlafraum und WC auf derselben Ebene bilden eine kleinere obere Einheit.
Der weitere Ausbau der Scheune, die zunächst durch einen fünf Meter hohen Luftgraben und eine neue Stützmauer gegen den Hang vor Feuchtigkeit geschützt werden mußte, ergab einen großen Musikraum, teilbar durch Glasschiebetüren mit Ausgang auf die untere Gartenebene; und auf der unteren Hofebene Eingang, Garderobe, Schlafzimmer, Bad und WC.
Das Stammhäuschen von 1642 – ältestes Haus am Ort – ist mit einer Ebene etwa halbgeschossig zu den Gebäudeebenen der Scheune versetzt.
Der Hauptraum wurde als großer Wohn- und Eßraum mit zweitem Kochplatz mit zusätzlichen Fenstern nach hinten zum Garten ausgebildet, um den gesamten Grundriß als einen Raum erleben zu können. Er bildet zusammen mit dem Schlafraum direkt am Eingang und dem unteren Bad eine für sich benutzbare Wohneinheit. Im Obergeschoß des Fachwerkhauses konnten durch die neue Treppe in der Scheune drei kleine Schlafräume mit oberem Bad untergebracht werden. Darüber gibt es noch einen ausgebauten Dachraum für die Kinder und das Atelier.
Alle ursprünglich vorhandenen Bauteile, wie Bruchsteinmauerwerk und Fachwerk, sind in ihrer ursprünglichen Gestalt beibehalten und nur durch die Fenster und Türen ergänzt worden. Da sich der Eifler Bruchstein für neue Fenster- und Türgewände nicht eignet – er ist zu brüchig – sind diese Einfassungen mit rotem Klinker ausgeführt. Alle neuen Decken und Wände sind aus Holz, wobei immer die alte Konstruktion sichtbar bleibt.

87 Der Wohnraum im Zwischengeschoß der Scheune mit den verglasten Gefachen zur Straße

88 Der große Musikraum mit dem Flügel ist durch Glasschiebetüren teilbar und hat einen eigenen Ausgang auf die untere Gartenebene.

PFERDESTALL IN HOLSTEIN

Architekt: Helmut Riemann
Lübeck

DER BESTAND

Das kleine Stallgebäude hat eine wechselvolle Umnutzungsgeschichte: Es wurde als Scheune erbaut, war dann Backhaus, später Wohnhaus, Ausflugslokal und zuletzt viele Jahre Pferdestall. Der Hauptbau stammt aus der Zeit der Jahrhundertwende, der Fachwerkteil wurde in den dreißiger Jahren angefügt.
Das Gebäude liegt inmitten eines großen Waldgebietes am Ufer eines Sees.

PLANUNG UND UMBAU

Die Bauaufgabe hieß: Umbau des Stallgebäudes – es hat Bestandsschutz und nur daher gab es die Möglichkeit zur Umnutzung – zu einem Refugium für zwei Personen mit einem kleinen Gästezimmer.
Dabei sollte die äußere Hülle des Hauses wiederhergestellt werden – es ist ein vertrauter Blickpunkt in der Landschaft – und der ländliche Gebäudecharakter erhalten bleiben, mit deutlichem Hinweis auf die neue Nutzung »Wohnen«.
Der Innenausbau sollte in zeitgemäßer Form und in bewußtem Kontrast zur alten Substanz erfolgen, mit klar ablesbaren neuen Stahlteilen wie der Treppe und der eingezogenen Deckenkonstruktion und der deutlichen Anknüpfung an die alte Grundrißordnung: kleinteilig im Fachwerkanbau und großzügig mit Lesegalerie im ehemaligen Hauptbau.
Die technische Ausstattung, Wasser und Strom waren vorhanden, alle anderen Ein- und Ausbauten mußten neu erstellt werden.

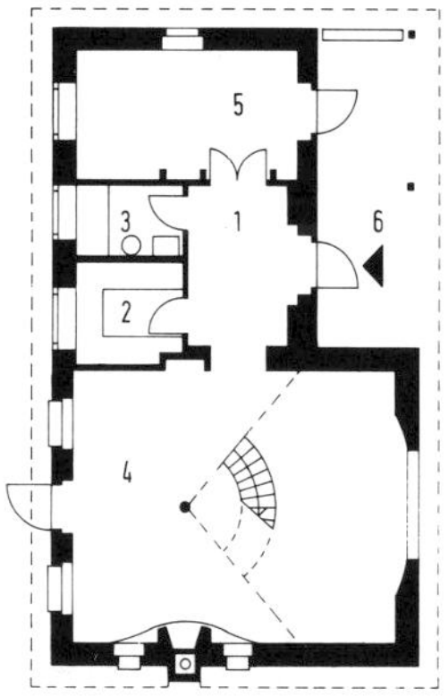

EG
1 Diele
2 Küche
3 Bad
4 Wohnen
5 Gast
6 Terrasse

M. 1:300

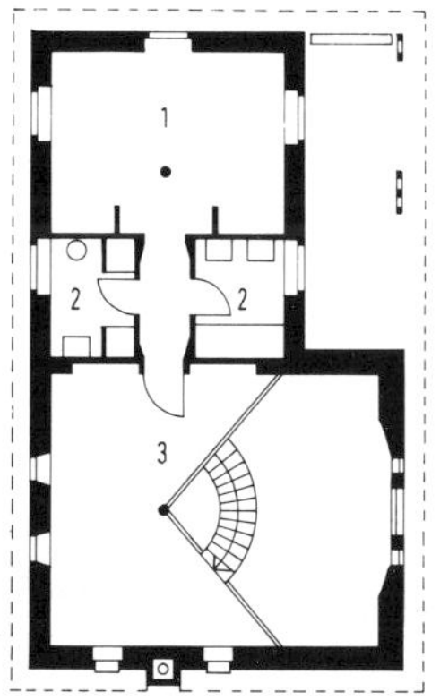

OG
1 Schlafen
2 Bad
3 Galerie

89 Das Stallgebäude vor dem Umbau

90 Die Fassade des Haupthauses mit neuem Türelement und den erhaltenen, farbig verglasten Stallfenstern im Obergeschoß

91 Unter der Galerie mit Blick
auf den neuen Kamin

92 Der neue offene Kamin ▷

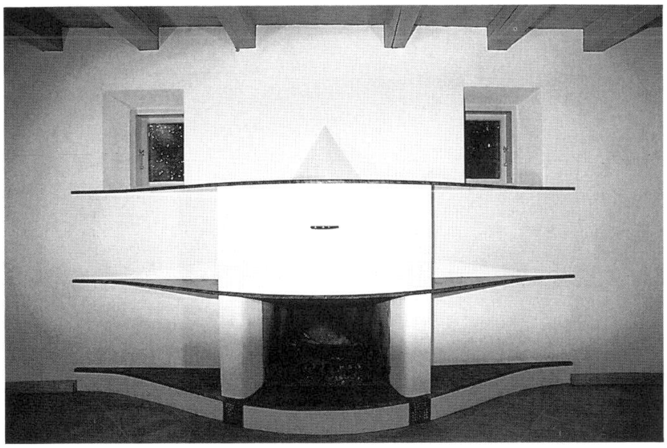

94 Die Galerie mit dem V-förmigen Ausschnitt und neuer Stahlstütze, die das Dach abfängt.

95 Die Gartenfassade mit neuer Terrassentür und den alten Stallfenstern aus Gußeisen

◁ 93 Der Blick vom Garten in das Haupthaus

BAUERNHAUS IN HOLSTEIN

Architekten: Jungjohann + Hoffmann + Krug
Kiel

DER BESTAND

Das ehemalige Bauernhaus liegt im Ortskern einer kleinen Gemeinde und prägt mit seiner Giebelstellung den Bereich des alten Dorfangers.
Das im frühen 19. Jahrhundert erbaute Haus ist bereits ein »moderner« Bauernhaustyp mit einer durchgehenden Quererschließung zwischen Wohnbereich und Scheunen- und Geräteteil.
Die Vorbesitzer hatten die landwirtschaftliche Nutzung aufgegeben, Diele und Boden dienten nur noch als Rumpelkammer, das Gebäude verfiel.

PLANUNG UND UMBAU

Die neuen Eigentümer wollten das für das Dorfbild wichtige Bauernhaus erhalten, Dach und Fassade wiederherstellen und auch die innere Grundrißstruktur behutsam für eine neue, über das ganze Haus reichende Wohnnutzung umbauen.

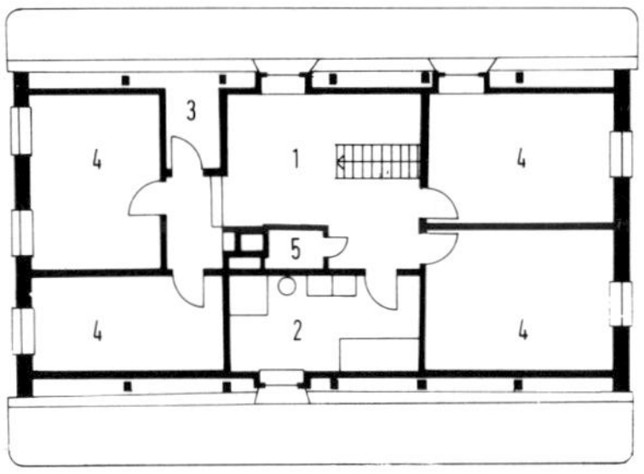

DG
1 Flur
2 Bad
3 Abstellraum
4 Kind
5 Heizung

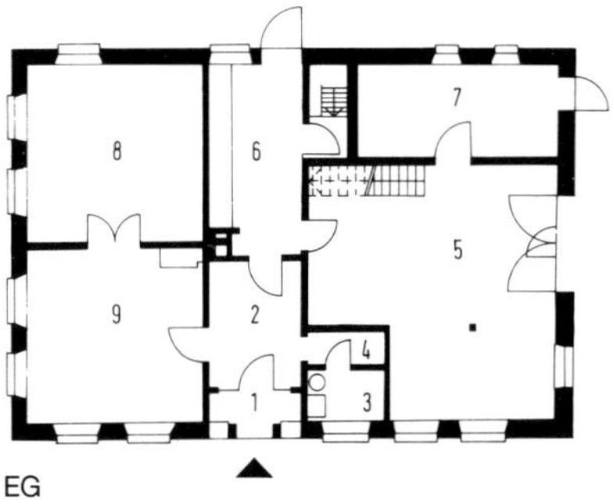

EG
1 Windfang
2 Diele
3 Bad
4 Garderobe
5 Wohnen
6 Küche
7 Hauswirtschaftsraum
8 Schlafen
9 Arbeiten

M. 1:300

Hierfür mußte das Gebäude statisch gesichert werden, der Dachstuhl wurde verstärkt, die störenden späteren Einbauten in der Diele wurden entfernt, und sie wurde neu als Wohn- und Eßbereich umgebaut.
Die große Problematik der Gestaltung des Dielentores mit den üblichen Verfremdungen – meist notwendig, da die Dielen keine Fenster hatten – stellte sich bei diesem »modernen« Bauernhaus nicht, da eine ausreichende Belichtung der Wohndiele und des Hausarbeitsraumes über die Fenster in den ehemaligen Abseiten gegeben ist.
Das Bauernhaus konnte so – trotz Umnutzung – in seiner ursprünglichen Architektur erhalten werden, allerdings unter Einsatz erheblicher Eigenleistungen und einer umfassenden Unterstützung der Denkmalschutzbehörden.

96 Der alte Zustand – heute fast unverändert wiederhergestellt

97 Der »moderne« Grundriß des alten Hauses hat die behutsame Umnutzung ermöglicht: das alte Dielentor konnte erhalten werden.

101 Der hintere Teil der Diele mit der erhaltenen Treppe zum Dachboden

98 Neues Reet für das schadhafte Dach – ein für die Gegend typischer Werkstoff

99 Der Eßbereich in der »Abseite«, durch die seitlichen Fenster ausreichend belichtet

100 Das Dielentor – Beleg der früheren, bäuerlichen Nutzung

ALTE SCHEUNE EINES WEINBAUERN-HAUSES IM KRAICHGAU

Architekten: Atelier 77, Anke Fuchs-Keck
und Dieter K. Keck
Ettlingen

DER BESTAND

Das bäuerliche Anwesen, ein typisches Straßengehöft mit giebelständigem Fachwerkhaus an der Straße, einem angrenzenden Schweinestall und einer Scheune im hinteren Grundstücksteil, stammt aus dem Jahre 1779.

Die Gebäude, über 200 Jahre alt, waren zwar stark heruntergekommen, aber in ihrer baulichen Substanz nicht angegriffen. Die Bestandsanalyse ergab, daß eine Instandsetzung der beiden Hauptgebäude, Wohnhaus und Scheune, mit normalem Aufwand durchgeführt werden könnte.

UMNUTZUNG – PLANUNG – UMBAU DER SCHEUNE

Die Instandsetzung und Umnutzung dieses Anwesens hatte für das Dorf Modellcharakter. Es war die erste Maßnahme dieser Art und wurde von der Gemeinde und dem Amt für Denkmalschutz unterstützend begleitet.

Das Wohnhaus an der Straße wurde restauriert, der alte Fachwerkbau wird heute teilgewerblich genutzt, der Schweinestall, fast ganz verfallen, wurde abgebrochen, und die Scheune wurde zu einem Wohnhaus mit 185 m² Wohnfläche umgebaut. Hier war eine umfangreiche Instandsetzung nötig, vom neuen Innenausbau mit kompletter Haustechnik bis zum Ausbau des Daches mit Wärmedämmung, Gauben und Dachfenstern und der Neueindeckung mit alten Biberschwanzziegeln aus einer abgebrochenen Scheune der Umgebung.

Die gesamte Planung und Detaillierung wurde von den Architekten so vorbereitet, daß die Bauherren einen großen Teil der Arbeiten in Eigenleistung erbringen konnten. Heute ist das Anwesen ein wichtiger Bestandteil des Fachwerkensembles des Dorfes – bei Übernahme betrug der Kaufpreis nur 5% der späteren Baukosten, die insgesamt etwa 35% unter vergleichbaren Neubaukosten lagen, allerdings bei hohem Anteil an Eigenleistungen.

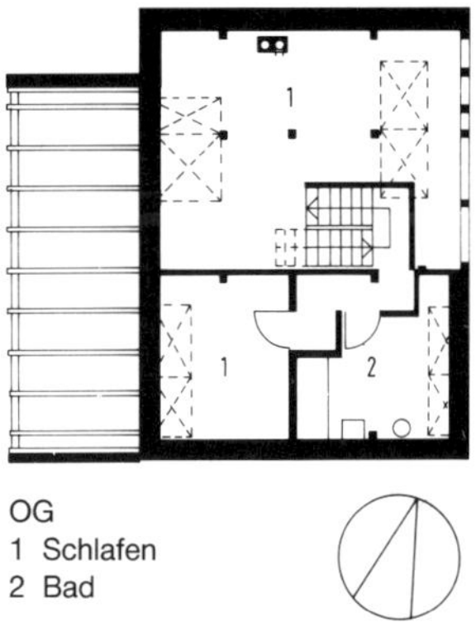

OG
1 Schlafen
2 Bad

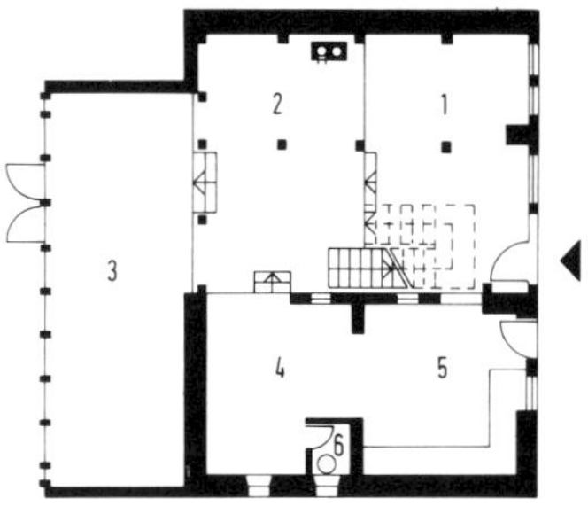

EG
1 Arbeiten
2 Wohnen
3 Wintergarten
4 Hauswirtschafts-raum
5 Küche
6 WC

M. 1:400

102 Der alte Schweinestall zur Zeit der Bauaufnahme – er mußte später abgebrochen werden. Haupthaus und Scheune waren in ähnlichem Zustand, konnten aber erhalten werden.

103 Die zum Wohnhaus ausgebaute Scheune – der Eingang

104 Die Gartenseite mit neuem Wintergarten. Die alte Ziegeleindeckung mildert die Wirkung der neuen Dachflächenfenster.

105 Der ausgebaute Scheunenboden

106 Blick durch den großen offenen Wohnraum in den Wintergarten

107 Die offene Küche mit »Klöntürausgang« zum Garten

HERRENHAUS IN HOLSTEIN

Architekten: Jungjohann + Hoffmann + Krug
Kiel

DER BESTAND

»Umnutzung zur Bestandssicherung« – unter diesem Motto stand die Arbeit der Architekten an diesem Projekt »Herrenhaus Hoyersworth«.
Das Herrenhaus, an der güterarmen Westküste Schleswig-Holsteins gelegen, wurde in den Jahren 1591–95 erbaut und zählt zu den schönsten Renaissance-Architekturen im Lande. Das Herrenhaus und der 1704 errichtete Haubarg stehen unter Denkmalschutz.
Die durch Erbfolge immer wieder aufgeteilte landwirtschaftlich nutzbare Fläche des Gutes beträgt heute nur noch 100 ha, und zusammen mit den rückläufigen Tendenzen in der Landwirtschaft dieser Region war eine Erhaltung der großvolumigen Bausubstanz von Herrenhaus und Haubarg aus Eigenmitteln unmöglich geworden.
Früher waren im Gutsbetrieb sechzig Menschen angestellt, heute bewirtschaften der Eigentümer und sein Sohn das Gut allein. Deshalb sollte der ungenutzte Westflügel – jetzt zu Wohnungen ausgebaut – und der nicht mehr genutzte Haubarg abgebrochen werden. Geplant war dort der Neubau einer Mastviehstallanlage.

PLANUNG UND UMBAU

Der Abriß des großartigen Haubargs konnte durch ein überzeugendes Umnutzungskonzept verhindert werden: Die Einrichtungen für die Mastviehhaltung wurden unter dem Dach des restaurierten Haubarg eingebaut und spätere Veränderungen des eindrucksvollen Baus wieder auf den ursprünglichen Zustand zurückgeführt. Funktion und Arbeitsablauf unterscheiden sich heute in keiner Weise von einem modernen Stallgebäude, und die Vorteile des reetgedeckten Gebäudes schlagen in der Belüftung und Wärmedämmung besonders kostengünstig zu Buche.
Der Westflügel des Herrenhauses – ursprünglich auch für den Abriß vorgesehen – konnte ebenfalls durch eine behutsame Umnutzung erhalten werden: Er beherbergt heute Wohnungen, deren Mieteinnahmen die laufenden Kosten für die Unterhaltung des Hauses weitgehend decken und damit zur langfristigen Sicherung und Erhaltung dieser beeindruckenden Gutsanlage beitragen.
Auch für die Einbauten der Wohnungen wurden alle Bauarbeiten nach restauratorischen Gesichtspunkten unter umfassender Erhaltung der denkmalgeschützten Substanz durchgeführt. Und wenn wieder einmal eine Umnutzung nötig werden sollte, so lassen sich die jetzt vorgenommenen Einbauten auch leicht wieder entfernen.
Ohne dieses detaillierte Umnutzungskonzept wäre die großartige Architektur dieser Gutsanlage nicht zu erhalten gewesen.

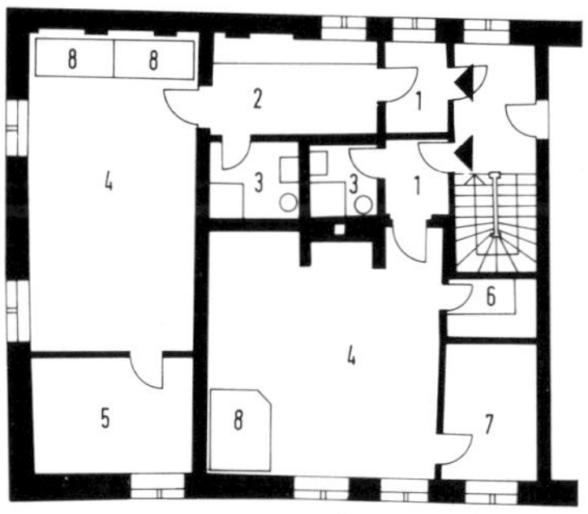

OG
1 Diele
2 Kochen/Essen
3 Bad
4 Wohnen/Schlafen
5 Schlafen
6 Küche
7 Kind
8 Alkoven

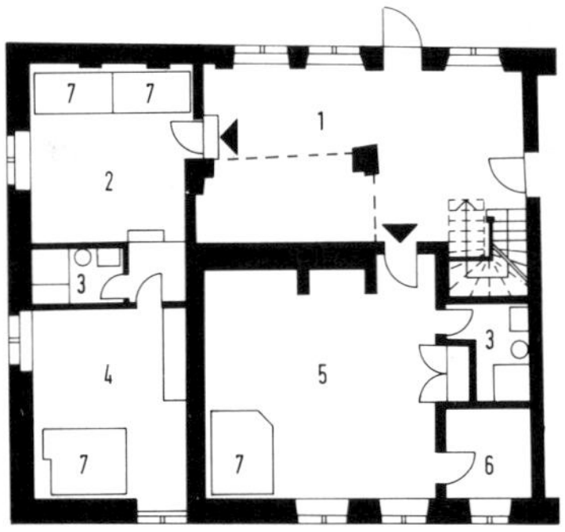

EG
1 zentrale Eingangsdiele
2 Wohnen/Schlafen
3 Bad
4 Essen/Schlafen
5 Wohnen/Schlafen/Kochen
6 Kind
7 Alkoven

108 Der restaurierte Renaissancebau beherbergt heute Wohnungen, deren Mieteinnahmen zur Bestandssicherung beitragen.

109 Der Nordgiebel des Herrenhauses zu Beginn der Sicherungsarbeiten

110 Die alte Eingangsdiele ist heute Eßplatz.

111 Herrenhaus und Haubarg – von einst über 400 dieser eindrucksvollen Haubargscheunen stehen heute nur noch 70 – konnten nur durch ein überzeugendes Umnutzungskonzept erhalten werden.

112 Der originale Kachelofen: funktionierendes Schmuckstück einer der neu eingebauten Wohnungen

113 Die erhaltenen Alkoven ersetzen die Schlafzimmer.

114 Der Wohnraum mit dem großen Kamin und den sichtbar gelassenen alten Deckenbalken

DAS ALTE WOHNHAUS

WOHNHAUS IN WIEN

Architekten: Hermann und Valentiny
Wien und Remerschen (L)

DER BESTAND

Die Substanz, ein bürgerliches Wohnhaus in einem Villenviertel im Süden Wiens, bestach durch seine Lage: die herrliche »Bellevue« über das Liesingtal. Es ist eine »kleine« Umnutzung, die das Haus um die Funktion »Arbeiten« erweitert, und eine totale Veränderung, was den Baukörper und seine inneren Abläufe betrifft.

DIE PLANUNG

Aus einem eher bescheidenen Haus sollte ein »großes«, anspruchsvolles Haus werden, und wo vorher nur gewohnt wurde, sollte jetzt Wohnen und Arbeiten unter einem Dach, aber doch deutlich voneinander separiert, stattfinden: Mit Atelier- und Arbeitsräumen des Bauherrn und Architekten im Erdgeschoß, »beinahe mit dem Öffentlichkeitsanspruch eines Geschäftslokals«, mit einem auch separat über die Außentreppe erschlossenen Wohngeschoß und dem neu ausgebauten Dach mit den Schlafräumen.

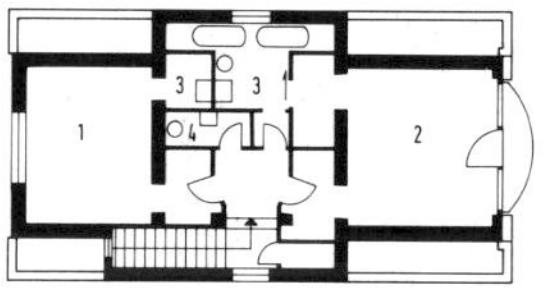

DG
1 Schlafen
2 Schlafen
3 Bad
4 WC

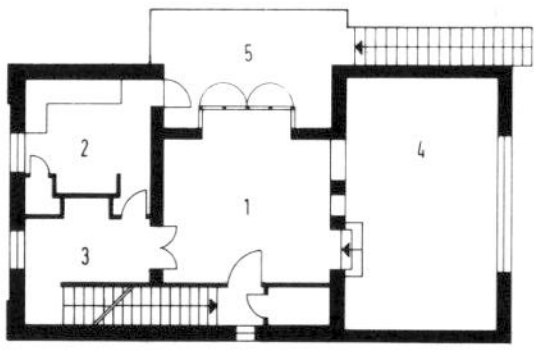

1. OG
1 Essen
2 Küche
3 Vorzimmer
4 Wohnen
5 Terrasse

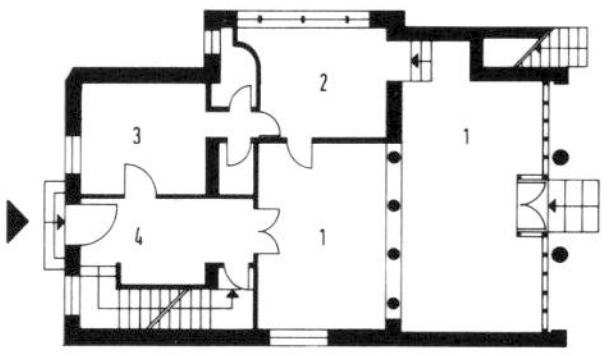

EG
1 Atelier
2 Besprechung
3 Arbeiten
4 Halle

M. 1:400

DIE UMBAU-MASSNAHMEN

Der Blick auf den Bestand zeigt, daß von der ursprünglichen Substanz, außer den Umfassungsmauern, beinahe alles geändert wurde, von der Erschließung über die Raumfunktion bis hin zur gesamten Baukörperwirkung.
Der hintere Teil des Erdgeschosses, das Atelier, wurde abgesenkt und erhielt die Front eines Gartenpavillons mit zwei runden Stützen, die die Fassade abfangen und gleichzeitig den herrlichen Blick auf das Tal einrahmen. Das Obergeschoß, mit großzügiger axialer Raumfolge und abgesenktem Wohnraum mit kulissenhaften Wanddurchbrüchen, erhielt eine neue Terrasse nach Osten, über die das Geschoß auch erschlossen werden kann. Das neue Dach, eine Folge aus Tonne, Giebel- und Flachdach, enthält die Sanitär- und Schlafräume, auch in axialer Folge, nach Norden behaglich mit dem Rundfenster, nach Süden offen mit weitem Ausblick.

115 Das alte Haus mit Blick auf die Gartenfassade

116 Die neue Gartenfassade mit axialer Gliederung und neuem Tonnendach

117 Der filigrane Balkon vor dem Schlafraum

118 Der neue Baukörper: ein strenger Kubus mit orangerieartiger Erdgeschoßfassade

119 Die Wanddurchbrüche bieten Einblick und Ausblick

120 Der durch drei Stufen abgesenkte Wohnraum im Obergeschoß

121 Durchblick zum Bad im Dachgeschoß

122 Der Schlafraum nach Norden mit einem Rundfenster

123 Das kleine Vorzimmer im 1. Obergeschoß

ALTE REMISE IN HAMBURG

Architekt: Dino Ries
Hamburg

DER BESTAND

Diese Remise mit Kutscherwohnung war ursprünglich Teil einer großen Villenbesitzung. Auf einem weiträumigen und besonders schön gelegenen Grundstück, fernab vom Haupthaus – als Garagenhaus später zu unbequem – war der Bau einst Torhaus. Besitzerwechsel und Grundstücksteilungen nahmen dem Haus die Funktion, es wurde aufgegeben, stand über zehn Jahre leer und begann zu verfallen.
Der neue Eigentümer erkannte die architektonische Qualität des Hauses und seine besondere Lage – ein Neubau wäre hier in der Größe nicht genehmigt worden –, machte von dem Bestandsschutz Gebrauch und beauftragte den Architekten mit der Aufgabe, Remise und frühere Ställe zu zwei Wohneinheiten umzubauen.

PLANUNG UND UMBAUMASSNAHMEN

In enger Zusammenarbeit mit dem Amt für Denkmalschutz wurde die schon stark geschädigte Substanz mit ihren charakteristischen Merkmalen der Landhausarchitektur wiederhergestellt. Das Gebäude wurde trockengelegt, horizontal gegen Feuchtigkeit abgesperrt, der gesamte Dachstuhl wurde erneuert. Die Grundrißorganisation folgte dem Prinzip der Einordnung in die Substanz, der Gebäudecharakter sollte unverändert erhalten bleiben.
Giebelhaus und Nebenhaus sind heute getrennte Wohneinheiten, die der Grundstückslage entsprechend ausgebaut wurden. Vor kurzem noch dem Verfall preisgegeben, steht das Haus heute in der Denkmalliste und ist ein wichtiger Baustein für die Erhaltung dieses großräumigen und baulich anspruchsvollen Villenvorortes.

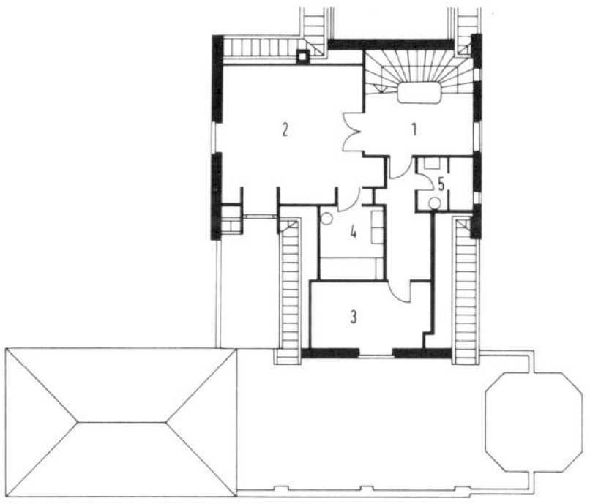

OG
1 Diele
2 Schlafen
3 Gast
4 Bad
5 Gästebad

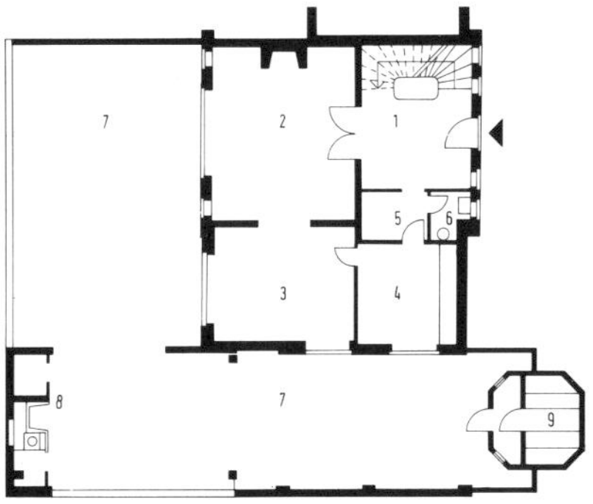

EG
1 Diele
2 Wohnen
3 Essen
4 Küche
5 Garderobe
6 WC
7 Gartenhof
8 Außenkamin
9 Sauna

M. 1:400

125 Durchblick zum abtrennbaren Speisezimmer. Große Fensterflächen und die farbige Innengestaltung wirken der Verschattung durch alten Baumbestand entgegen. ▷

124 Aufgegeben, zugewachsen und in der Substanz schon stark angegriffen, drohte die Remise zu verfallen.

126 Die gestalterischen Motive des Torhauses wurden übernommen und behutsam für die notwendigen Ergänzungen eingesetzt. Die Gartengestaltung folgt klassischen Vorbildern. ▷

WOHNHAUS DER 50ER JAHRE

Architekten: Dahlbender, Gatermann, Schossig
Köln

DER BESTAND

Anlaß für die Baumaßnahmen an diesem Wohnhaus aus den 50er Jahren waren umfangreiche Bauschäden, die einer dringenden Sanierung bedurften. Nach eingehender Begutachtung wurde dem Bauherrn eine grundlegende Umbauplanung und Erweiterung empfohlen. Darüber hinaus sollte aus städtebaulichen Überlegungen dem an einer Hauptstraße gelegenen Haus »ein Mehr an Höhe« gegeben und der triste Baukörper und seine sehr einfache Fassade zu einer neuen, markanten Form umgestaltet werden.

DIE PLANUNG

Die Aufstockung des Daches sollte einmal dem Haus, seiner Lage entsprechend, mehr Gewicht verleihen, zum anderen aber auch die Wohnfläche vergrößern. So wurden im angehobenen Dach zwei Maisonettewohnungen mit einer Galerie geplant, die eine Wohnflächenerweiterung um 70% erbrachten.

DER UMBAU

Ein Teil der Umbauarbeiten war die Sanierung der Fassade und der stark baufälligen, vorgehängten Balkone zu besser nutzbaren Loggien, die das Haus jetzt dominant wie Eckrisalite einfassen. Die aus Betonsteinen gemauerten »Loggiatürme« stehen formal in deutlichem Gegensatz zur neuen, geputzten Wärmedämmfassade und schaffen in Verbindung mit den anderen Maßnahmen ein völlig neues Erscheinungsbild des vormals schlichten Hauses. Für die Dachaufstockung wurde zunächst das alte Dach bis zur Decke über dem 1. Obergeschoß abgebrochen. Damit war ein Höchstmaß an konstruktiver Freiheit gewonnen. Die neuen Lasten der Aufstockung wurden auf Treppenhaus, Außenwände und einige Innenwände abgetragen. Durch die Anhebung des Daches und seine einem Mansarddach ähnliche Form sowie durch die Errichtung eines Dachgiebels auf der Längsseite konnten zwei Viereinhalbzimmerwohnungen und eine Zweizimmerwohnung in dem neuen Dachgeschoß untergebracht werden.

Die neuen Wohnungen sind von fließenden Raumübergängen, Lufträumen und zahlreichen Durch- und Querblicken bestimmt, deren Gestaltung einen unverwechselbaren Charakter hat und ein hohes Maß an individueller Wohnqualität bietet.

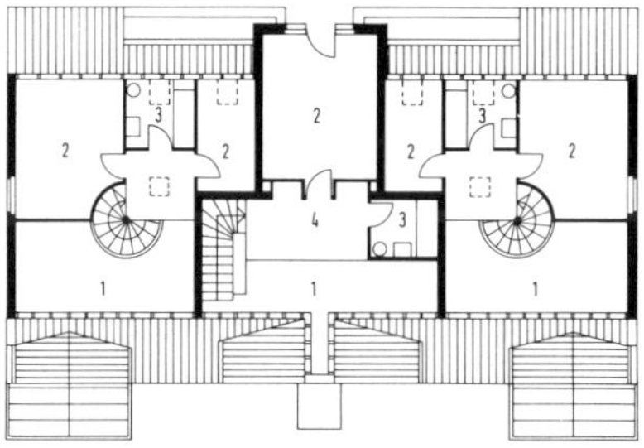

Galerie
1 Luftraum
2 Schlafen
3 Bad
4 Galerie

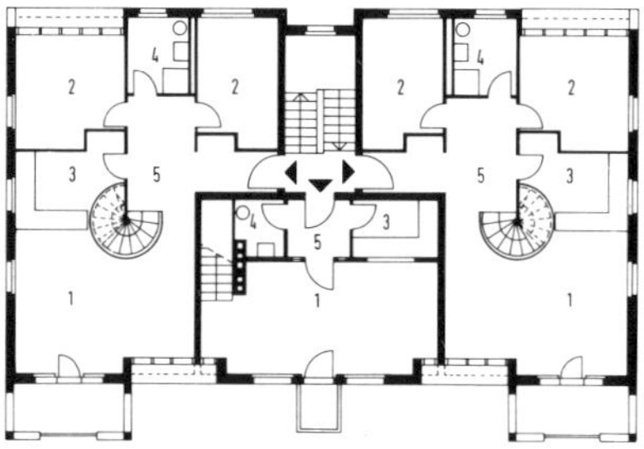

DG
1 Wohnen
2 Schlafen
3 Küche
4 WC
5 Diele

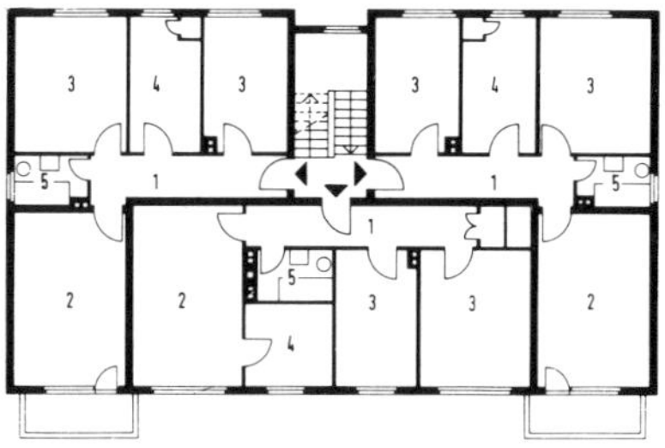

1. OG
1 Diele
2 Wohnen
3 Schlafen
4 Küche
5 Bad

M. 1:400

127 Der Zustand vor dem Umbau: eines der vielen schlichten 50er Jahre-Häuser

128 Die Straßenfassade erhält ihr neues »Gesicht« besonders durch die Loggiatürme und den neuen Giebel, der dem Bau die notwendige Höhe gibt.

129 Die Gebäuderückseite mit dem neuen, treppenförmigen Giebel und den umgestalteten Freiflächen. Unter dem angehobenen Dach liegen drei neue Wohnungen, die die Wohnfläche des Hauses um 70% erweitern.

130 Der inszenierte Eingang der neuen Zweizimmer-Wohnung im Dachgeschoß

131 Die Wendeltreppen und die kulissenartige Galerieebene bestimmen in besonderem Maße die Athmosphäre der neuen Wohnungen unter dem Dach.

132 Der Blick von der Galerie auf das axial liegende Giebelfenster

DACHGESCHOSSE

ZERSTÖRTER DACHBODEN IN KÖLN

Architekten: dt8 Planungsgruppe
Köln

DER BESTAND

Dieses Wohnhaus in Köln wurde 1907 als viergeschossiger, dreiachsig gegliederter Putzbau errichtet. Bomben zerstörten im Zweiten Weltkrieg das linke Hausdrittel und das gesamte Dachgeschoß.
Nach dem Krieg wurde das Haus, um der Wohnraumnot abzuhelfen, notdürftig wieder instand gesetzt – auch im Dachbereich. Seit 1975 stand es leer: als Ruine und Erinnerung an die Zerstörungen des Bombenkrieges. 1985 wurde es von einer Bauherrengruppe von neun Familien im Erbbaurecht erworben und inzwischen mit viel Engagement und Eigenleistungen wieder bewohnbar gemacht.

DIE PLANUNG

Die mit der Planung beauftragten Architekten konnten die Bauherren und die Fachbehörden davon überzeugen, daß die Ergänzung der Ruine im Sinne einer historischen Rekonstruktion nicht das Planungsziel sein konnte. Vielmehr sollten die Kriegseinwirkungen ablesbar bleiben, die »Wunde« mit zeitgenössischen Bauelementen geschlossen werden. So wird die Ergänzung deutlich vom historischen Bestand abgesetzt.
Der neue Fassadenteil ist durch feingliedrige Stahlprofile gekennzeichnet, die in das tonnenförmige Dach überleiten. Die Belichtung des Dachraumes erfolgt durch die in der Krümmung des Blechdaches liegenden Dachfenster anstelle von Dachgauben. Im so wieder aufgebauten Dachgeschoß sollte statt früherer Bodenräume eine zweigeschossige Wohnung mit ineinanderübergehenden Räumen und einer Galerie, die die Zweigeschossigkeit erlebbar macht, eingebaut werden.

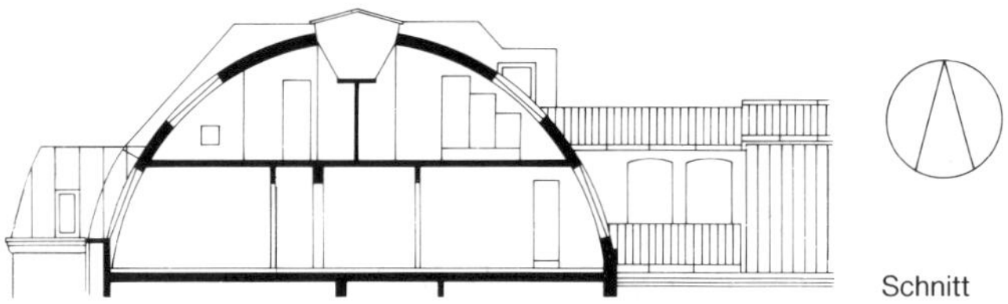

Schnitt

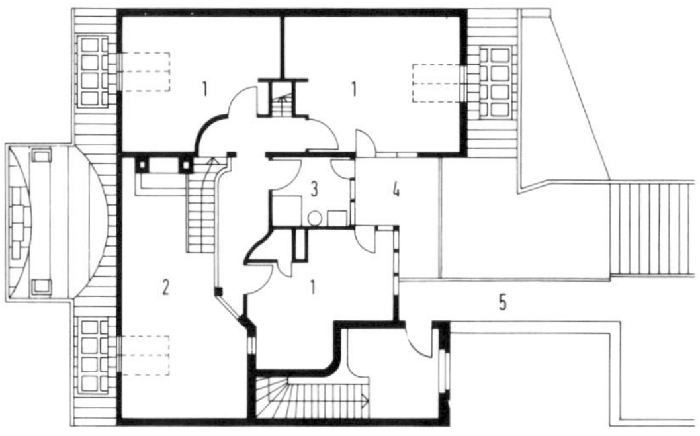

Galerie
1 Kind
2 Luftraum Wohnen
3 Bad
4 Terrasse
5 Brücke zum Dachgarten

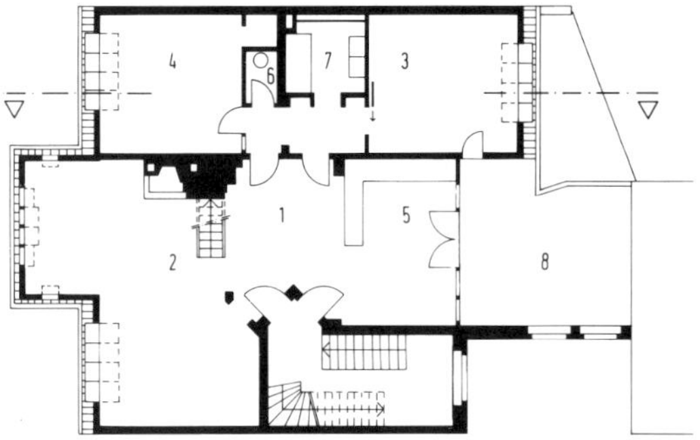

DG
1 Diele
2 Wohnen
3 Schlafen
4 Arbeiten
5 Küche
6 WC
7 Bad
8 Terrasse

M. 1:300

DIE UMBAUMASSNAHMEN

Die beiden neuen Geschosse im Dach sind auf den konstruktiven Bauteilen der darunter liegenden Wohnungsebene errichtet worden. Die stählerne Konstruktion des Tonnendaches ist als Teil der Ergänzung sichtbar gelassen, die beiden Dachgeschoßebenen durch die offene Treppe und die Galerie optisch verbunden worden.
So entstand in einer alten Baustruktur mit nicht mehr genutzten Dachbodenflächen ein überzeugendes Beispiel neuer Wohnvorstellungen.
Ein kleines verantwortungsbewußtes Detail zeigt, daß ebenso wie bei den formalen Fragen, auch bei der Haustechnik neue und experimentelle Wege beschritten wurden: zur Senkung des Wasserverbrauches werden Regen- und Grauwasser – Abwässer von Duschen, Bädern und Waschmaschinen – in Speichern gesammelt und der WC-Spülung zugeführt.

133 Das neue markante Tonnendach erhebt sich über die noch nicht wieder aufgebaute Nachbarbebauung. Die in der Schräge liegenden Fenster der Galerie lassen sich zum Lüften nach außen stellen.

134 Die neuen Elemente des Hauses – Stahlfassade und Tonnendach – erinnern an die im Bombenkrieg zerstörten Teile des Hauses. Das rechte Nachbarhaus zeigt noch den provisorischen Dachaufbau der Nachkriegszeit. ▷

135 Die Tonnenform schafft ein wahrlich großzügiges Wohnen unter dem Dach.

136 Die sichtbare radiale Stahlkonstruktion betont die neue Tonnenform des Daches.

DACHBODEN IN HAMBURG

Architekten: Behrend und Schubert
Hamburg

DER BESTAND

Der Dachboden des viergeschossigen Mietshauses liegt in dem attraktiven Stadtteil Hamburg-Eppendorf mit seinen großzügigen und architektonisch besonders reizvollen Wohnungen aus der Zeit der Jahrhundertwende. Das gesamte Gebäude war zum Zeitpunkt des Erwerbs des Dachgeschosses stark sanierungsbedürftig, sein Eindruck war trostlos.

DIE PLANUNG

Auf einer Grundfläche von 109 m² sollte ein offener Wohnbereich mit zwei abtrennbaren Einzelräumen entstehen, dazu ein Dachgarten mit Terrasse, mit dem sich die Eigentümer den Wunsch vom Wohnen über der Stadt erfüllen wollten.
Die vorhandene tragende Holzkonstruktion des Daches ist das gliedernde Element des Grundrisses. In diesem rechteckigen Grundrißraster sind die neuen Wände teils um 45 Grad gedreht und werden von der alten sichtbaren Konstruktion aus Stielen, Zangen und Pfetten durchdrungen. Neue, übereinander angeordnete Dachfenster, ein festverglastes Oberlicht und das vorhandene langgestreckte Korbbogenfenster belichten die ehemals dunklen Bereiche, in denen jetzt Küche, Eßplatz und das neu geschaffene Nordzimmer liegen. Der Hauptraum, durch eine große Dachhaube höher als die umliegenden Bereiche, wird durch ein aufgesetztes Glashaus belichtet, von der eingezogenen Galerie aus erreicht man die Dachterrasse.

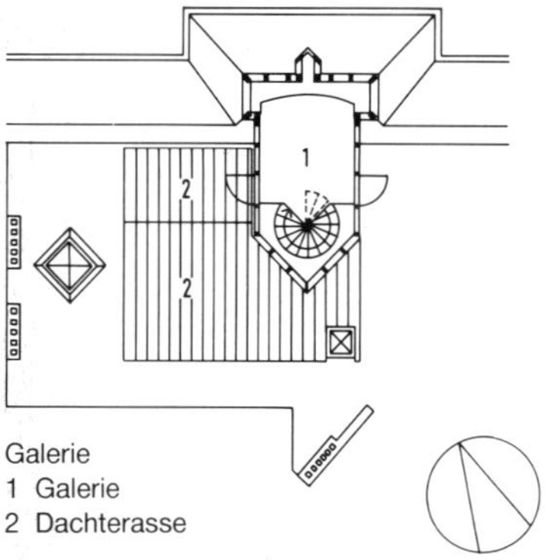

Galerie
1 Galerie
2 Dachterasse

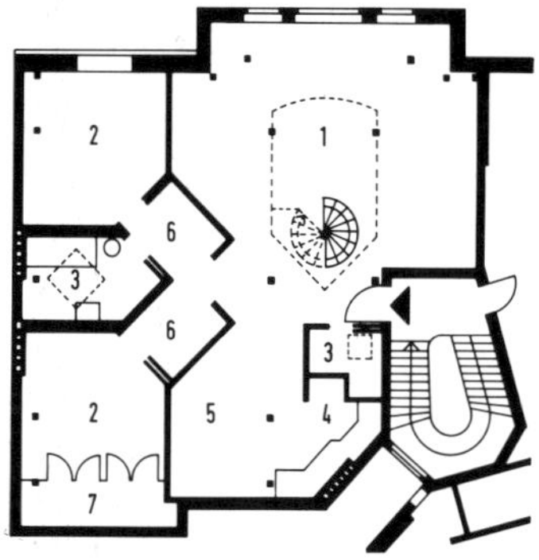

DG
1 Wohnen
2 Schlafen
3 Bad
4 Küche
5 Eßplatz
6 Flur
7 Abstellraum

M. 1:300

DIE UMBAU-MASSNAHMEN

Für die vorhandene Holzbalkendecke mußte der Nachweis erbracht werden, daß die zusätzlichen Verkehrslasten aufgenommen werden können, die Lasten aus der eingezogenen Galerie und dem Glashaus werden durch neue, frei sichtbare IPB 160 Stahlträger über die Außenwände und die Spindeltreppenstütze abgetragen. Sie liegen diagonal zum Raster der alten Holzkonstruktion. Ein F-30 Anstrich der Stahlträger sorgt für den nötigen Brandschutz, bei den alten Holzstielen wurde ein im Brandfall ausreichender Schutz durch die großen Holzquerschnitte nachgewiesen.
Die belüftete Dachkonstruktion wurde mit einer 14 cm dicken Wärmedämmung versehen, die auf der Dachfläche liegenden Holzgratings übernehmen den sommerlichen Wärmeschutz und verhindern die Aufheizung des Daches.
Planung und Bauzeit betrugen etwa ein Jahr.

137 Von diesen großen Dachböden gibt es noch viele in Hamburg.

138 Die zusätzliche Laterne auf der dritten Ebene bietet den Blick über die Stadt. ▷

139 Treppe zur Galerie und zum Dachgarten. Die Treppe ist gleichzeitig statisches System: sie trägt die Lasten aus Galerie und Glashaus ab. ▷

140 Blick auf die Galerie – die 2. Ebene ermöglicht eine größere Ausnutzung des Daches.

141 Das neue Bad mit Teilen des alten Dachstuhls und neuem Oberlicht

142 Blick durch die Dachwohnung mit der neuen Stahlkonstruktion. Die offene Grundrißanordnung macht aus dem dunklen Dachboden eine lichte und weite Wohnung.

143 Die alte Fensterform als formaler Akzent

DACHAUSBAU IN BASEL

Architekt: Bruno Trinkler
Basel

DER BESTAND

Bei diesem Projekt handelt es sich um ein altes Arbeiterwohnhaus in Basel, in dessen Dachraum kaum benutzte Abstellräume untergebracht waren.

DIE PLANUNG

Die Bauherren, ein Grafiker und ein Musiker, wollten ihre privaten Wohn- und Schlafbereiche in den beiden unter dem Dachboden liegenden Mansardenwohnungen um ein großzügiges Bad und um ein gut belichtetes, großes Atelier erweitern, das auch als gemeinsamer Wohnraum nutzbar sein sollte. Durch den Einbau einer Wohnungsabschlußtür auf dem Zwischenpodest vor den beiden Wohnungen wurde zusammen mit dem ausgebauten Dachboden dem Wunsch der Bauherren nach einer Großwohnung Rechnung getragen. Weitere Forderungen bezogen sich auf die natürliche und künstliche Belichtung und eine gute Akustik für den Atelierraum.

DIE UMBAU-MASSNAHMEN

Die Zangen zwischen den Sparren konnten entfernt, die scheibenartigen Streben mußten jedoch erhalten werden. Zwischen diesen Streben verbleiben Raumnischen, die den großen Raum gliedern. Sie werden durch liegende Dachfenster belichtet. Den Hauptraum überdeckt eine durchgehende, gewölbte abgehängte Decke. Über dem auf dem letzten Zwischenpodest installierten, luftigen Badezimmer liegt der Balkon als Ausguck und Sonnendeck. Das darunter liegende Glasdach des Badezimmers setzt sich in der Dachebene bis über den First als Einschnitt zwischen den beiden Kaminen, die wie ein Portal wirken, fort.

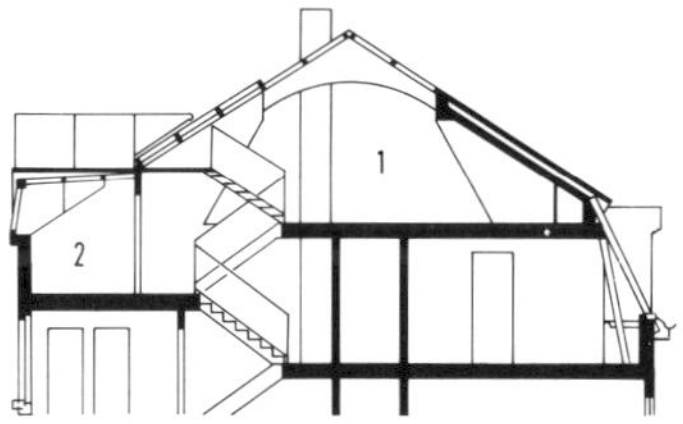

Schnitt
1 Atelier
2 Bad

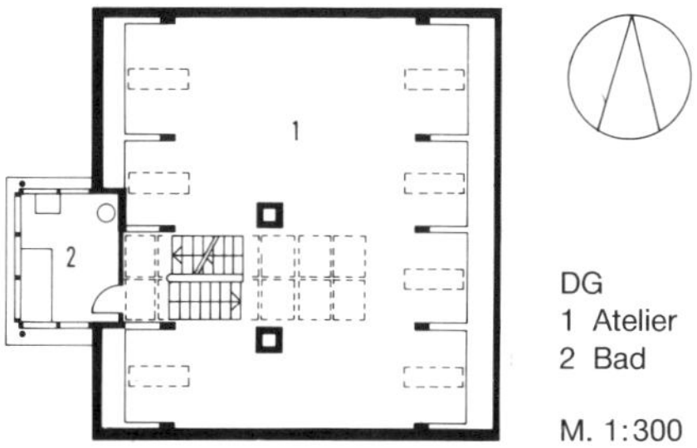

DG
1 Atelier
2 Bad

M. 1:300

145 Der neue Atelier- und Musikraum im alten Dachboden mit dem Aufgang zur Sonnenterrasse ▷

144 Das renovierte Treppenhaus mit dem auf dem Halbpodest eingebauten Bad. Auf dem gläsernen Dach liegt die Sonnenterrasse.

146 Der Ausstieg aus dem Treppenhaus zur Sonnenterrasse ▷

147 Der Atelierwohnraum mit der scheibenartig verkleideten Dachkonstruktion und dem Wechsel zwischen ebener Dachfläche und abgehängter gewölbter Decke

148 Arbeitsplatz in einer aus der alten Dachkonstruktion hervorgegangenen Nische

149 Das Bad mit weitem Blick über Basel

DACHGESCHOSS IN HAMBURG

Architekten: Hennig und Partner
Hamburg

DER BESTAND

Dieses große Mietshaus aus der Zeit der Jahrhundertwende liegt in der Hamburger Innenstadt in unmittelbarer Nähe zum Wasserlauf der Alster und ruhigen Parkanlagen, und doch in Fußwegnähe zum eigentlichen Zentrum. Die Umgebung mit repräsentativen alten Stadtvillen zählt zu den begehrtesten Wohnanlagen in Hamburg.
Anlaß der Umbaumaßnahmen war eine dringend notwendige Sanierung des schadhaften Daches, der durchfeuchteten und noch durch Kriegsschäden gezeichneten Fassade und der Wunsch nach einem Aufzug für das fünfgeschossige Gebäude.

DIE PLANUNG

Im Rahmen der anstehenden Sanierung sollten zwei Wohnungen in den ehemaligen Bodenräumen eingebaut werden. Die behördliche Auflage war, daß das Dachgeschoß in seiner Erscheinung unverändert bleiben sollte.
Der Wunsch der Bauherren nach einer Dachterrasse wurde daher durch ins Dach eingezogene Loggien erreicht. Von hier aus hat man heute einen herrlichen Blick über die Dächer der Stadt.
Durch geringfügige Umplanungen im Untergeschoß konnten für alle Wohnungen ausreichend große Abstellräume geschaffen werden – für die Trokkenböden gab es schon lange keinen Bedarf mehr.

DIE UMBAU-MASSNAHMEN

Vorgabe war, daß alle Umbaumaßnahmen in dem bewohnten Haus von außen über Lastenaufzüge erfolgen sollten, um Störungen der Bewohner weitgehend zu vermeiden.
Aus statischen Gründen mußten die Decken durch eine Stahlkonstruktion mit Lastabtragung über die Außenwände verstärkt und die alte Holzkonstruktion feuerhemmend verkleidet werden. Das Dach wurde nach altem Vorbild mit Schindeln eingedeckt und gedämmt. Im Bereich der Loggien – ehemals Innenraum – wurde die Decke mit einer zusätzlichen Betonplatte, Dämmung und Plattenbelag, beheizten Fußbodenabläufen und zusätzlichen Wasserspeiern als begehbare Flachdachkonstruktion ausgebildet. In der gesamten Wohnung wurde 22 mm starkes kanadisches Pitchpine auf Trittschalldämmung verlegt.
Neben dem Eingang wurde ein kleiner Galeriearbeitsplatz geschaffen. Die gußeisernen Geländerstäbe, die im Bereich des Fahrstuhls entfernt wurden, bilden das Geländer auf dem Galeriegeschoß. Die leichte Stahlkonstruktion des gläsernen Fahrstuhls konnte im Treppenauge des großzügig bemessenen Treppenhauses untergebracht werden, der hydraulische Antrieb liegt im Untergeschoß.
Die Dachgeschoßwohnungen sind an das Fernwärmenetz angeschlossen, die wärmegedämmten Leitungen und alle anderen sanitären Ver- und Entsorgungsleitungen wurden in einem vorhandenen Lichtschacht installiert. Die Bauzeit für die Sanierung des Gebäudes und der Einbau der beiden Dachwohnungen betrug ein Jahr.

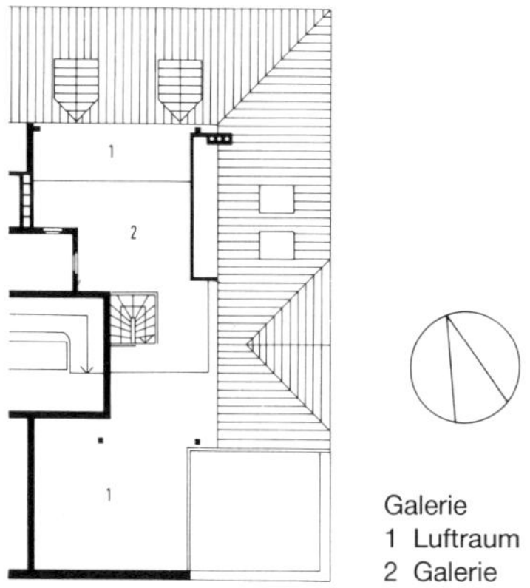

Galerie
1 Luftraum
2 Galerie

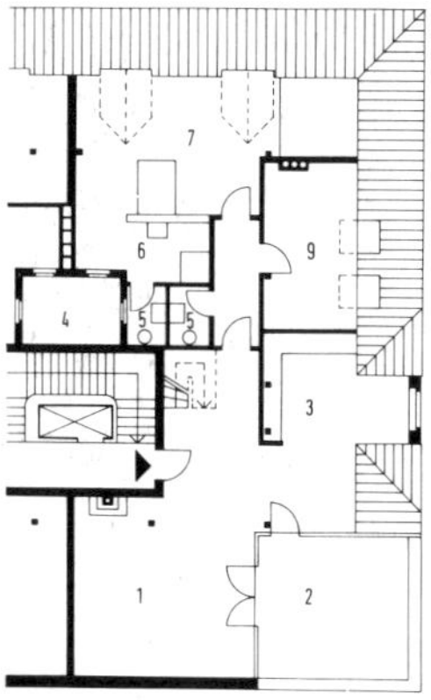

DG
1 Wohnen
2 Terrasse
3 Küche
4 Lichtschacht
5 WC
6 Dusche
7 Bad
8 Schlafen
9 Kind

M. 1:400

150 Zeichnung der rekonstruierten Fassade. Auf der rechten Dachseite liegt die neu ausgebaute Wohnung über zwei Ebenen – von der Straße aus ist die Veränderung nicht zu sehen.

151 Der Eingangsbereich mit Blick auf die offene Küche und die Loggia

152 Blick von der Galerie auf die Loggia mit den hölzernen Gestellen für die großen Pflanzkübel

153 Blick auf die Galerie, rechts die Küche

154 Die offene Küche mit der großzügigen Kochinsel

155 Der schlichte Kamin mit Travertineinfassung

157 Der sparsam möblierte Wohnbereich mit neuem Pitchpineboden

156 Der offene Schlaf- und Badbereich mit der doppelten Geschoßhöhe schafft ein angenehmes Wohnklima.

158 Blick aus der Wanne über die Stadt

HEUBODEN EINER REMISE IN HAMBURG

Architekt: Holger Schmidt
Hamburg

DER BESTAND

Auf einem großen Parkgrundstück nahe der Innenstadt befindet sich diese, für einige alte Wohngebiete typische Bebauungssituation: Hinter den herrschaftlichen Wohnhäusern an der Straße befanden sich im rückwärtigen Grundstücksteil die Häuser für Kutscher, die Pferdeställe und die Wagenremisen. Pferdestall und darüber liegender Heuboden aus dem Jahre 1880 waren lange Zeit ungenutzt, die alte Bausubstanz begann zu verfallen, bis das Kutscherhaus dann 1986 zuerst im Erdgeschoß zu Wohnzwecken umgebaut wurde. Später wurde auch der darüberliegende alte Heuboden der unteren Wohnung angegliedert und ausgebaut.
Die anderen Teile der Remise werden in einem zweiten Bauabschnitt folgen.

DIE PLANUNG

Der Dachboden unter dem asymmetrischen Dachstuhl sollte zu einem großen Wohn-Eßraum mit offener Thekenküche umgebaut werden. Mit einer zweiten Ebene als Galerie wurde die nötige Fläche für einen etwas abgeschirmten Arbeitsplatz geschaffen.
Die für das Gebäude charakteristische Gaube auf der Ostseite, mit dem Kragarm zum Transport von Heu- und Strohballen, war derart baufällig, daß ein Abriß unumgänglich war. An ihre Stelle tritt eine Stahl-Glaskonstruktion, die die Proportionen und die Dimension der alten Gaube aufnimmt, aber auch deutlich anzeigt, daß diese Glasgaube heute einer anderen, neuen Nutzung dient.

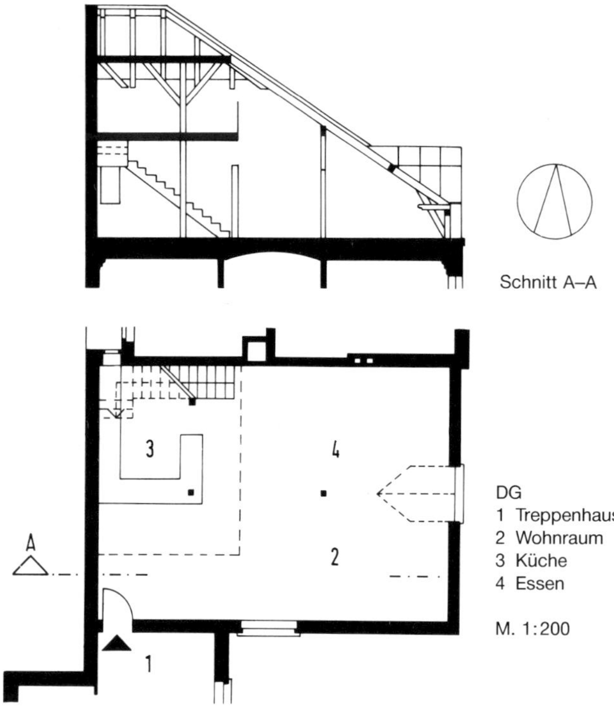

DG
1 Treppenhaus
2 Wohnraum
3 Küche
4 Essen

M. 1:200

DIE UMBAU-MASSNAHMEN

Die gesamte Dachstuhlkonstruktion wurde saniert, zum Teil mußte sie ergänzt und auch ausgetauscht werden. Das alte Ständerwerk wurde dunkel gebeizt, alle neuen Konstruktionsteile wurden weiß lackiert. Die alte Gaube wurde durch eine leichte Stahlkonstruktion ersetzt und mit einer kleinen Wetterfahne gekrönt.
Für alle Ausbauteile, wie Treppenstufen, Handläufe, Küchenarbeitsplatten und den Parkettboden, wurde als Kontrast Buchenholz verwendet. Die weit abfallenden Dachschrägen werden umlaufend durch eingebaute Bücherregale genutzt, hinter denen sich die Heizungskonvektoren befinden. Holzgratings unten und oben sorgen für die Zu- und Abluft.

159 Die alte Remise auf dem herrschaftlichen Grundstück – hier noch als Garage genutzt

160 Die Remise mit dem schon ausgebauten Glaserker

161 Die baufällige Gaube ist durch den neuen Glasgiebel ersetzt worden.

162 Die Glasgaube belichtet das ausgebaute Dachgeschoß.

163 Die vorhandene Dachstuhlkonstruktion ermöglichte – wie so oft bei alten Dächern – auch hier eine großzügige Grundrißaufteilung.

164 Die offene Thekenküche unter der Galerie

165 Untersicht der Galerie – Trennung von Alt und Neu durch den Farbenwechsel Schwarz/Weiß, die Einbauten wurden in Buchenholz ausgeführt.

DACHGESCHOSS IN LÜBECK

Architekt: Helmuth Riemann
Lübeck

DER BESTAND

Das Gebäude liegt im Sanierungsgebiet »Alsheide«, einem Viertel in der Altstadt, das durch Handwerker- und Kleinbürgerhäuser geprägt ist. Es ist ein einfaches gotisches Hallenhaus aus dem 14. Jahrhundert, das bis vor einigen Jahren durchgehend als Bäckereigebäude genutzt wurde. Der alte Bau stand leer, war stark beschädigt, der Abriß war geplant. Erst der neue Eigentümer hat sich dann für den Erhalt des Gebäudes eingesetzt, besonders auch für die Sichtbarmachung der historischen Funde.

PLANUNG UND UMBAUMASSNAHMEN

Die Sanierung des Hauses sollte die historische Hülle erhalten und zum Ausbau für Wohn- und Gewerberäume neu genutzt werden. Dabei sollten die geschichtlichen Zeugnisse – z. B. die sieben übereinanderliegenden Reste der steinernen Backöfen, drei Meter unter dem heutigen Straßeniveau – als Dokumente erhalten bleiben, und alle neuen Einbauten sollten sich von ihnen absetzen und durch die Materialwahl – meist Stahl – in bewußtem Kontrast zur alten Substanz stehen. Das Erdgeschoß ist Gewerberaum, die beiden Obergeschosse wurden zu Wohnungen ausgebaut. Dabei wird das Dachgeschoß, das hier als Umnutzung des Speicherbodens vorgestellt wird, als Wohnung über zwei Ebenen genutzt. Um das Erscheinungsbild des Hauses zur Straßenseite nicht zu beeinträchtigen, erfolgt die Belichtung des Dachgeschosses vorwiegend durch ein Glasband auf der Hofseite, das eines der Sparrenfelder ausfüllt und sich im unteren Ende zu einer Zwerchgiebelform ausweitet – eine Anspielung auf den vorhandenen Giebel an der Straßenfront.

Alle Innenausbauten und technischen Einrichtungen mußten innerhalb der 600 Jahre alten historischen Hülle neu eingebaut werden.

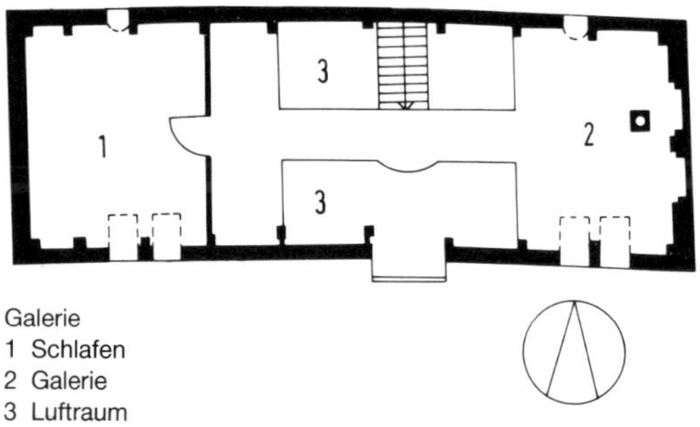

Galerie
1 Schlafen
2 Galerie
3 Luftraum

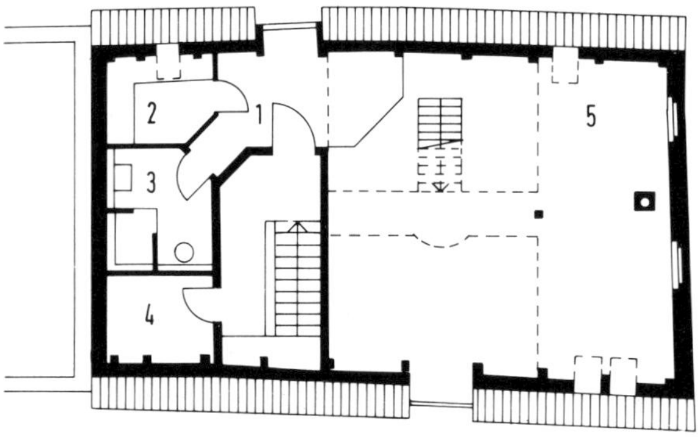

DG
1 Diele
2 Küche
3 Bad
4 Abstellraum
5 Wohnen/Essen

M. 1:200

169 Der Wohnraum mit altem Gebälk und Treppe zur Galerie

170 Die Treppe in der Achse des gläsernen Dachfeldes

Zu Seite 104

166 Das Haus aus dem 14. Jahrhundert war zum Abriß freigegeben.

167 Das Haus nach Umnutzung und Umbau: Der Eingriff ist kaum sichtbar, die Ausstrahlung der alten Substanz konnte bewahrt werden.

168 Die Gartenseite mit dem neuen gläsernen Giebel zur Belichtung des Dachgeschosses

◁ 171 Der Glasgiebel von innen: Aussicht über die Stadt

◁ 172 Der offene Wohn- und Eßbereich mit neuem Dielenboden

◁ 173 Der Eßplatz unter der Galerie

174 Der helle Wohnbereich unter dem Glasband

DACHGESCHOSS IN MÜNSTER

Architekten: Dirk Medenwaldt und Rainer Martin
Münster

DER BESTAND

Die ursprüngliche äußere Erscheinungsform dieses Mietshauses aus dem Jahre 1906 war symmetrisch zum Eckturm aufgebaut. Durch Kriegszerstörung und Wiederaufbau war dieses Ordnungssystem der Fassade nicht mehr erkennbar. Teile des Dachgeschosses fehlten, der Wiederaufbau war unmaßstäblich vorgenommen worden und reichte nur bis zur Traufe. Der Dachgeschoßteil wurde nicht genutzt.

DIE PLANUNG

Es galt, den ursprünglichen Zustand des Hauses und der dominanten Fassade wiederherzustellen, insbesondere durch den vollständigen Wiederaufbau des Dachgeschosses und den Einbau neuer, originalgetreuer Fenster.
Unter dem wieder hergestellten Dach sollten zwei Wohnungen mit Galeriegeschossen eingebaut werden. Jeweils auf der Eingangsebene wurden die Schlafräume, Küche und Eßzimmer, auf der Galerieebene, wegen der guten Aussicht auf die Stadt, die Wohnräume mit den Terrassen angeordnet.

DIE BAUMASSNAHMEN

Die Sandsteinfassade wurde gesäubert, die umfangreichen Schäden ausgebessert und gegen Umwelteinflüsse stabilisiert, neue Fenster eingebaut und Terrassen für die Wohnungen in das Dach eingeschnitten. Zusätzliche Belichtung wurde durch halbkreisförmige Fenster geschaffen. Die neue Tragkonstruktion des wieder aufgebauten Dachgeschosses besteht aus Stahlböcken, die ihre Lasten auf die Außenwände abtragen. Diese stützenlose Konstruktion ermöglichte eine von den unteren Geschossen unabhängige, freie Grundrißaufteilung in Leichtbauweise.

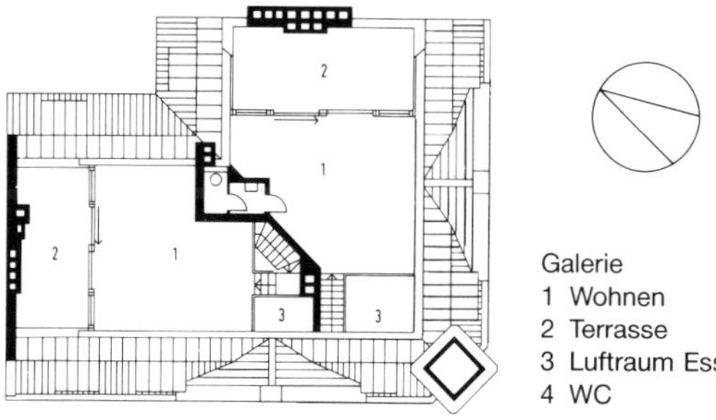

Galerie
1 Wohnen
2 Terrasse
3 Luftraum Essen
4 WC

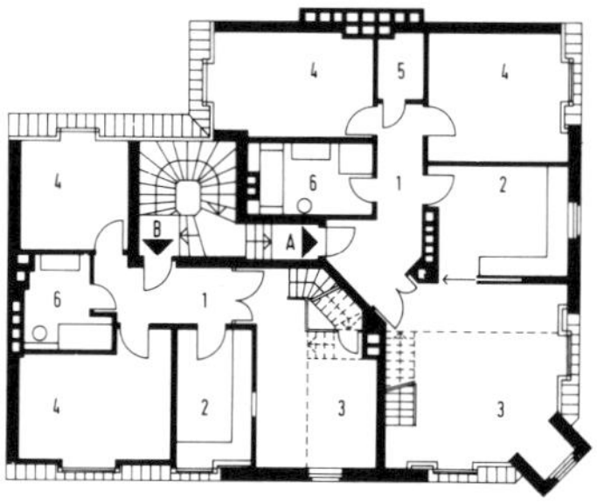

DG
1 Diele
2 Küche
3 Essen
4 Schlafen
5 Abstellraum
6 Bad

M. 1:400

175 Der Bestand vor dem Umbau, noch mit Kriegsschäden und den in den 50er Jahren vorgehängten Balkonen

176 Nach der Restaurierung. Im Dachgeschoß sind die neuen halbkreisförmigen Dachfenster und die eingeschnittenen Loggien erkennbar.

177 Wohnung A: Der Wohnraum mit der kleinen Turmnische und der Galerieebene

178 Der Wohnraum im Galeriegeschoß mit Dachterrasse

179 Blick von der Galerie

180 Eßplatz mit der Turmnische

181 Die Dachterrasse

182 Wohnung B: Der obere Wohnaum mit der Dachterrasse

183 Wohnraum mit Aufgang zur Galerie

DACHBODEN IN BREMEN

Architekt: Holger Schmidt
Hamburg

DER BESTAND

Im Dachboden des 1911 gebauten und 1985 grundlegend sanierten Wohn- und Geschäftshauses lagen früher die Abstellräume und der Trockenboden für die Wohnungen. Die im Osten angrenzende Flachdachfläche eines Anbaues – jetzt Dachterrasse – wurde nicht genutzt.
Das Besondere an diesem Dachboden ist seine außergewöhnlich schöne Lage: Er befindet sich auf einem der höchsten Gebäude in Bremen und bietet einen herrlichen weiten Blick über die Stadt.
Die gesamte Balkenlage des Fußbodens war durch einen Brand während des Zweiten Weltkrieges stark geschwächt worden, die Holzkonstruktion des Dachstuhls dagegen hatte keinen Schaden genommen.

DIE PLANUNG

In dem Dachboden sollte eine Wohnung mit angeschlossenem Atelier untergebracht werden, wobei das Atelier aber auch als selbständig funktionierende Einheit von der Wohnung abtrennbar sein sollte. In einem Teilbereich der Wohnung wurde eine zusätzliche Galerieebene eingeplant, die durch eine steile Schiffstreppe erreichbar ist. Besonderer Wert wurde auf die gute Belichtung der Räume – und wegen der weiten Aussicht – auf die Planung der Loggia und der Dachterrasse gelegt. Trennende Wände sollten nur dort eingezogen werden, wo sie unvermeidbar waren, d. h. nur im Bereich der Bäder und des WC. Die offenen Räume lassen eine Vielzahl von Nutzungen und Einrichtungen zu. Hervorragende Lichtverhältnisse wurden durch die großen Fensterflächen der Dachterrasse, der Loggia und durch zusätzliche Dachflächenfenster erreicht.

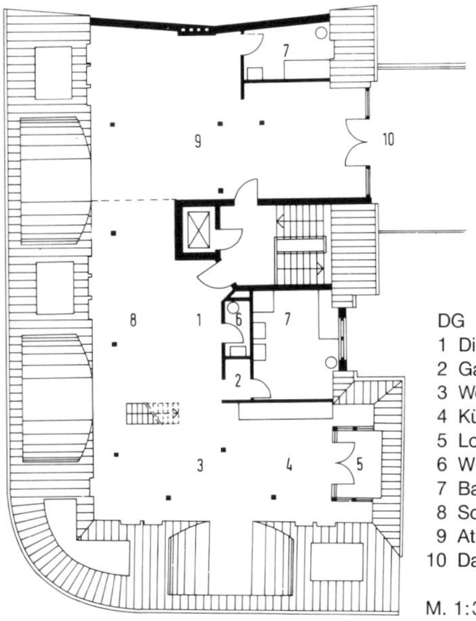

DG
1 Diele
2 Garderobe
3 Wohnen
4 Küche
5 Loggia
6 WC
7 Bad
8 Schlafgalerie
9 Atelier
10 Dachterasse

M. 1:300

DIE UMBAU-MASSNAHMEN

Die durch den Brand geschwächte Balkenlage des Fußbodens wurde verstärkt und durch Sandeinschub schalltechnisch verbessert. Der hölzerne Dachstuhl wurde durch zusätzliche Holzträgerkonstruktionen ergänzt. Hinzu kamen der Einbau der Atelier- und Loggienfensterfronten, der Dachfenster, der gesamten Haustechnik sowie der Einbau der Galerie und der Ausbau der Dachterrasse.
Die Ausnutzung der Dachschrägen für ausziehbare Einbauten hält die Dachwohnung von großen Schränken frei.

184 Ausstieg aus dem alten Dachboden mit dem angrenzenden Flachdach

185 Der ausgebaute Dachboden liegt oberhalb der Tonnengauben.

186 Das alte Flachdach mit dem neuen Bohlenbelag der großzügigen Dachterrasse

187 Der Ausstieg zur Dachterrasse auf dem alten Flachdach des Anbaus – freier Blick auf die Türme des Bremer Domes ▷

188 Blick von der Galerie in den Wohnraum und auf die Terrasse ▽

◁ 189 Im Wohnraum sind die neuen Bauteile weiß, das alte Ständerwerk wurde naturfarben belassen.

◁ 190 Einer der vorhandenen Schornsteinzüge konnte für den offenen Kamin genutzt werden.

191 Die Galerie mit dem »Schiffstreppenaufgang«

192 Ein kleines Detail – in die Dachschrägen eingelassene Auszüge ersetzen Schränke.

DACHHAUS IN LINZ

Architekt: Heinz Tesar
Wien

DER BESTAND

Es handelt sich um eines der barocken Stadthäuser in Linz, das sich bei schmaler Straßenfront weit in die Tiefe des Grundstücks erstreckt. Hinter dem horizontal gegliederten Dachsims lag – von außen nicht sichtbar – das alte spitzwinklige Blechdach, das in der Gebäudelängsrichtung verlief. Dieser Blechhut war ungenutzt – mitten in einer der schönen Lagen der Stadt – und gab den Anstoß, nicht zuletzt auch wegen der in Linz herrschenden Knappheit an guten Wohnungen, zum Nachdenken, wie man diese Dachebene sinnvoll nutzen könnte.

DIE PLANUNG

Auf der obersten Ebene dieses Hauses sollte ein Dachhaus für ein Musikerehepaar entstehen. Grundgedanke bei der Planung war, einen Grundriß zu entwikkeln, der sowohl dem langgestreckten Haustyp als auch den besonderen Wohnvorstellungen der Bauherrn entspricht. Es wurde daher im Sinne des in die Tiefe sich entwickelnden Hauses ein ebenfalls längsorientiertes, bogenförmiges Dach geschaffen, welches durch längs- und querlaufende Lichtbänder sowie durch einen kreisrunden Lichthof gegliedert ist. Dabei bildet das längslaufende Oberlicht das durchsichtige Rückgrat der symmetrisch angelegten Raumfolge.

Schnitt A–A

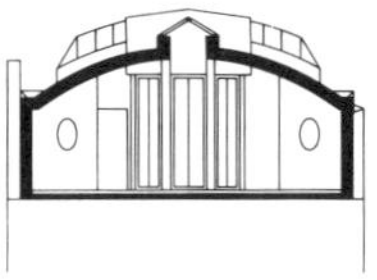

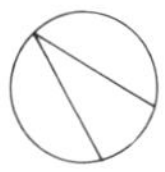

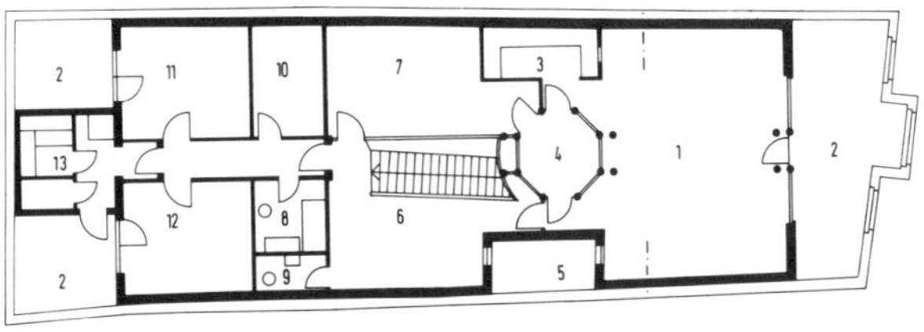

DG
1 Wohnen
2 Terrasse
3 Küche
4 Atrium
5 Lichthof
6 Halle
7 Studio
8 Bad
9 WC
10 Hauswirtschaftsraum
11 Kind
12 Eltern
13 Sauna

M. 1:400

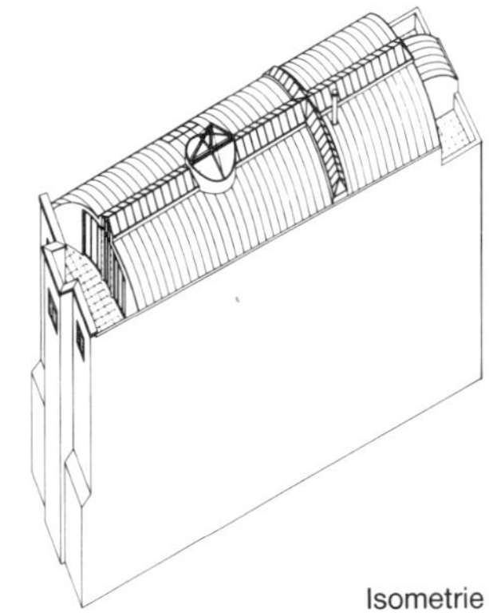

Isometrie

193 Das Linzer Stadthaus vor dem Umbau

Der im ersten Drittel des Grundrisses liegende, begehbare Lichthof bildet eine wichtige Mitte im Bereich Wohnraum, Halle, Küche und Studio. Das im zweiten Drittel liegende Queroberlicht dient der Belichtung von Halle und Studio. Das bogenförmige Dach springt an der vorderen und hinteren Gebäudequerseite zurück und gibt dadurch Raum für zwei Terrassen frei. Die hintere Terrasse wird durch die Sauna in zwei Freiräume geteilt, die den Schlafräumen windgeschützt vorgelagert sind. Die vordere Terrasse ist allein dem großen Wohnraum zugeordnet.
Den Zugang zur Wohnung bildet die bestehende, aus dem letzten Wohngeschoß nach oben führende Treppe, der eigentliche Wohnungseingang befindet sich in dem unter dem Dachhaus gelegenen Geschoß.

DIE UMBAU-MASSNAHMEN

Die Lasten aus dem bogenförmigen, durch das längslaufende Oberlicht getrennte Stahlbetondach werden einmal auf die Umfassungswände des Hauses im Inneren des Grundrisses durch Überzüge auf Stützen abgeleitet. Das Dach ist wie einst, mit Blech gedeckt worden. Wände und Decken wurden verputzt. Im Kontrast dazu stehen auf den Holzfußböden die eigens für die Musikinstrumente der Bauherren entworfenen Möbel.

194 Die renovierte Fassade des Stadthauses mit dem aufgesetzten »Dachhaus«, das von der Straße aus nicht eingesehen werden kann, da es weit zurückliegt.

195 Die kühne Ganzglas-Oberlichtkonstruktion über dem inneren Lichthof.

196 Blick auf das kreisrunde flügelartige Oberlicht

197 Das rückgratartige Oberlicht des Dachhauses gibt dem tiefen Grundriß Licht und Struktur.

198 Durchblick auf den Lichthof

199 Die Bedeutung und die Liebe zu den Musikinstrumenten wird durch die eigens für sie entworfenen Schrankgehäuse betont.

200 Der geöffnete Schrein gibt den Blick frei auf das Instrument.

201 Das fassadenhohe Fenster des großen Wohnraumes mit dem Ausgang zur vorderen Dachterrasse.

WOHNEN IN DER FABRIK

EHEMALIGE SCHIFFSSCHRAUBENFABRIK IN HAMBURG-ALTONA

Architekten: Planungsgemeinschaft me di um, Jentz, Popp, Störmer, Wiesner, Isabell Feest und Peter Dinse
Hamburg

DER BESTAND

Das alte Kontorhaus der einst weltberühmten Schiffsschraubenfabrik »Zeise« in Altona – vor über 20 Jahren ist die Fertigung eingestellt, das aus der Gründerzeit stammende Gebäude seitdem provisorisch genutzt worden – sollte erhalten und für eine eigens gegründete Bauherrengemeinschaft mit neuen, vielfältigen Nutzungsvorstellungen umgebaut werden. Das Raumprogramm sah – abgestimmt auf ein gegenüberliegendes Gebäude, das früher auch zu der Fabrikanlage gehörte (heute Filmhaus) – Flächen für 16 Firmen aus der Medienbranche, ein Restaurant und auch fünf Atelierwohnungen vor. Mit dem Amt für Denkmalschutz wurden Lösungsmöglichkeiten erarbeitet, dieses umfangreiche Programm in der vorhandenen Hülle unterzubringen, wobei zwingend die Straßenfassade des Gebäudes erhalten werden mußte.

PLANUNG UND UMBAU

Da das umfangreiche Raumprogramm in den ehemaligen Kontorräumen nicht untergebracht werden konnte, entstand der Gedanke, das Gebäude in der Mitte auseinanderzuschneiden, um so den hinteren Teil für eine Aufstockung und Überbauung freizubekommen, der vordere Teil konnte so für das Gesamtensemble erhalten werden.

Die hintere Fassade und die inneren Mauern des alten Baues erlaubten keine zusätzlichen Lastaufnahmen, es wurde daher eine von der alten Substanz unabhängige Stahltragkonstruktion für die Aufstockung der Atelierwohnungen errichtet – sichtbar und ablesbar vor den alten Mauern. Im Inneren entstand durch das Aufschneiden eine zentrale, offene zweigeschossige Halle mit Verkehrswegen zu den Studios und den Wohnungen. Ein Forum, das den Austausch aller, die in diesem Haus arbeiten und wohnen, ermöglicht. Vorgestellt werden hier die durch die Umnutzung geschaffenen Wohnungen, deren besonderer Reiz in der Kombination aus neuer Architektur, dem alten Bestand und der ungewöhnlichen Gebäudeorganisation liegt.

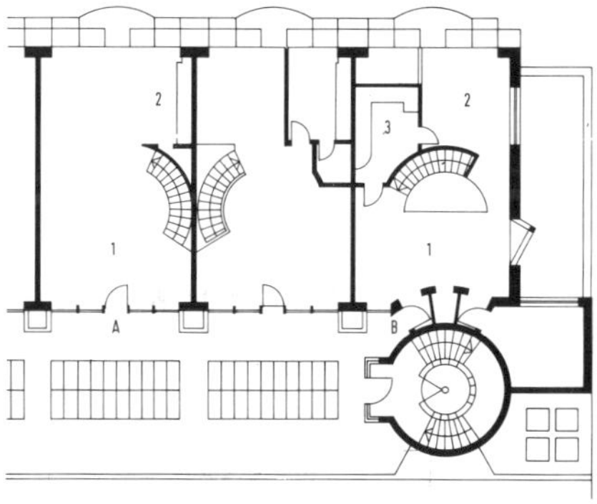

3. OG
Wohnung A
1 Wohnen/Essen
2 Küche

Wohnung B
1 Wohnen
2 Essen
3 Küche

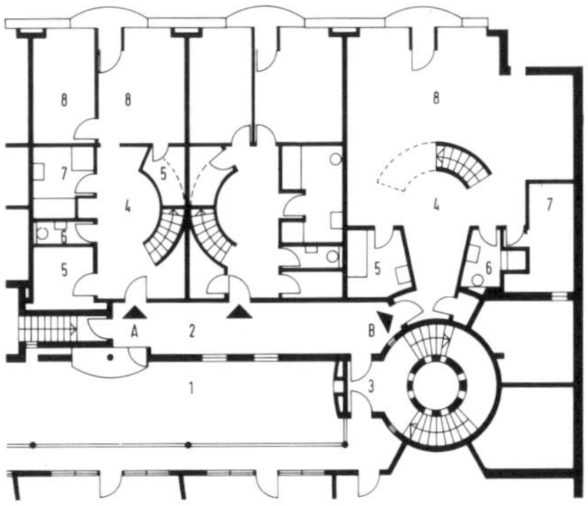

2. OG
Wohnung A
1 Gemeinschaftshalle
2 Erschließungsflur Atelierwohnungen
3 Haupttreppenhaus
4 Diele
5 Abstellraum
6 WC
7 Bad
8 Schlafen

Wohnung B
4 Diele
5 Bad
6 WC
7 Abstellraum
8 Wohnraum

M. 1:400

205 Die Rückfassade mit der vorgestellten Stahltragkonstruktion für die neuen Atelierwohnungen. Die im ganzen Bau eingesetzten rohen Stahldetails erinnern an die Stahlverarbeitung der früheren Schiffsschraubenfabrik. ▷

202 Die Rückfassade des früheren Industrie- und Kontorbaues

203 Das Innere des Treppenturmes

204 Die glasgedeckte Halle ist Forum und Erschließungszone. Der obere Gang mit dem Balkon führt zu den Wohnungen.

206 Aufgang innerhalb der Atelierwohnung A

207 Der Treppenaufgang, dessen Stahlbänder sich im Teppichboden fortsetzen.

208 Der Eßplatz vor der geneigten Fassade

209 Der große Wohnraum

210 Die geschwungene Stahltreppe in der Wohnung B

WERKSTATTGEBÄUDE IN HAMBURG

Architekten: Architekturbüro GEMOpv, Possehn, Voges
Hamburg

DER BESTAND

Im Hinterhof eines dreigeschossigen Wohngebäudes in Hamburg-Ottensen liegt das zweigeschossige Fabrik- und Werkstattgebäude. Die ehemalige, 1912 erbaute Blechdosenfabrik ist über eine Tordurchfahrt erreichbar. Zur Umnutzung standen die zwei Produktionsgeschosse und das als Lagerfläche genutzte Dachgeschoß zur Verfügung. Das Gebäude befand sich zur Zeit der Übernahme durch eine Bauherrengemeinschaft in abgewirtschaftetem Zustand.

DIE PLANUNG

Ziel der Bauherrengemeinschaft war die Umnutzung der alten Fabrik in fünf dreigeschossige »Stadthäuser«. In den Ausbau wurde das Dachgeschoß, die ehemalige Lagerfläche, mit einbezogen und durch den Einbau von neuen Gauben belichtet. Ein weiterer Gedanke bei der Planung war, den fünf Wohneinheiten im Erdgeschoß einen gemeinsamen Wintergarten als Windfang vorzulagern. Die horizontale, nicht verglaste Dachfläche des Wintergartens sollte gleichzeitig als Balkon für das erste Obergeschoß benutzbar sein. Trotz der Hausachsen von nur vier Metern war der Grundriß so zu planen, daß nirgendwo der Eindruck von Enge entsteht. Das türenlose Erdgeschoß, außer WC und Vorraum, mit dem über die ganze Haustiefe durchgehenden Wohn-Eßraum erfüllt diese Forderung. Besonderer Wert wurde auf die gärtnerische Gestaltung des von Vorderhaus und Fabrikgebäude gebildeten Freiraums gelegt.

DIE UMBAUMASSNAHMEN

Die ungenügende Wärmedämmung des Fabrikgebäudes wurde durch den Einbau einer Kalksandsteinmauer auf der Innenseite mit einer Kerndämmung stark verbessert. Das Dachgeschoß wurde ebenfalls in der Dachschräge mit Wärmedämmungsmatten versehen und mit Gipskartonplatten verkleidet. Die gesamte Dachfläche wurde neu eingedeckt. Neue Sprossenfenster und ein erneuerter Anstrich der alten Fenstergewände lassen die alte Fabrikarchitektur wieder auferstehen.

Der Anteil der in Selbsthilfe durch die Bauherrengemeinschaft erbrachten Leistungen belief sich auf 20% der Gesamtkosten des Projektes.

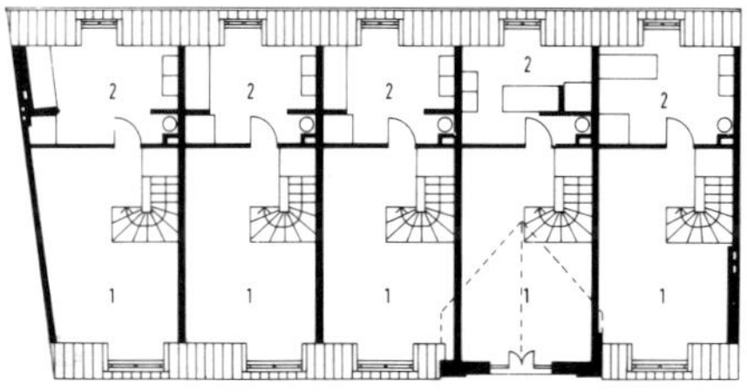

DG
1 Wohnen/Atelier
2 Bad

OG ▽
1 Flur
2 Schlafen

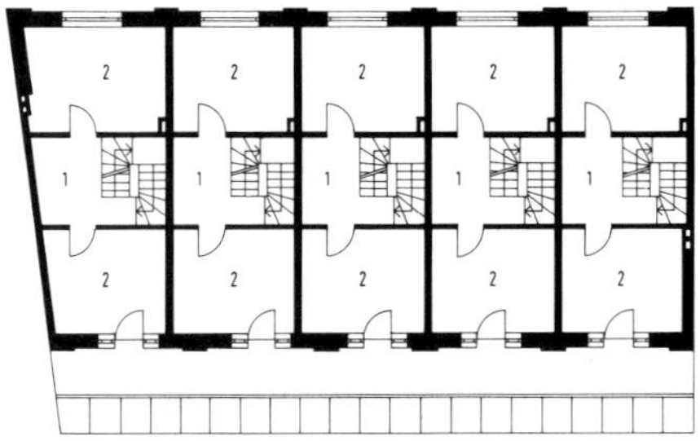

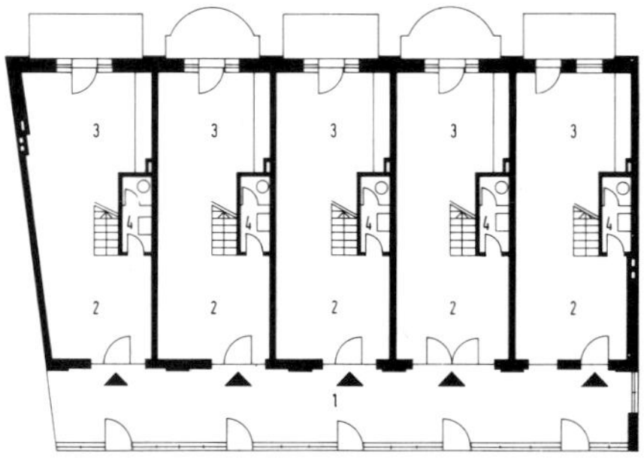

EG
1 Wintergarten/ Eingang
2 Wohnen
3 Küche/Essen
4 WC

M. 1:400

213 Der Werkstatthinterhof ist zu einer grünen Oase geworden.

214 Die renovierte Fassade des Hofhauses mit dem Gartenhof

Zu Seite 128

211 Die für Farbrikgebäude typische Fassadengliederung mit kleinteiligen Stahlfenstern

212 Innenhofansicht des alten Fabrikgebäudes mit den im Laufe der Jahre entstandenen Fassadenänderungen

215 Der vor den fünf »Stadthäusern« liegende Wintergarten, der als gemeinsamer Eingang dient.

216 Der über die ganze Haustiefe reichende Wohn-Eßraum schafft räumliche Großzügigkeit bei schmalem Grundriß.

218 Der Eßbereich mit offener Küche

217 Eines der Kinderzimmer mit dem Balkon, der auf der ebenen Dachfläche des Wintergartens liegt.

219 Wintergarten-Eingang und Gewächshaus in einem

NUDELFABRIK IN STUTTGART

Architekten: Architekten Cooperative,
Dimo Haith, Marlies Heyl, Gerd Vöhringer
Stuttgart

DER BESTAND

So wie die Funk'schen Eiernudeln ein Begriff waren, gehörte in Stuttgart-Rohracker die Nudelfabrik zum vertrauten Erscheinungsbild des Stadtteils. Der mächtige, langgestreckte Bau liegt inmitten eines Wohngebietes im engen Tiefenbachtal. 1980 mußte die Nudelfabrikation eingestellt werden. Anschließend stand die Fabrik zwei Jahre lang leer. Der Eigentümer versuchte, das Gebäude als Lagerhaus zu vermieten. Die Stadt Stuttgart förderte jedoch eine andere Entwicklung, die zu der heutigen Wohnumnutzung führte. Die nicht einmal besonders alte Bausubstanz war insbesondere in ihren tragenden Teilen in sehr gutem Zustand, so daß sich die Hauptarbeiten auf den Einbau der Wohnungen und die Veränderung des äußeren Erscheinungsbildes erstreckten.

DIE PLANUNG

Die Architekten entwickelten folgende Planungsziele: Ein Teil der zur Verfügung stehenden Fabrikfläche, 1300 m², sollte in Gemeinschaftsräume, wie Werkstätten, Spielräume und soziale Einrichtungen, der größere Teil von 2200 m² in Wohnungen umgenutzt werden. Nicht ein Maximum an vermietbarer Wohnraumfläche sollte erreicht werden, sondern ein Höchstmaß an Kommunikation und Gemeinschaftlichkeit. Die Wohnungsgrundrisse wurden mit den Nutzern individuell nach deren Vorstellungen gebaut, keine Wohnung gleicht der anderen. Verbindende Elemente sind die großzügigen Erschließungszonen.

Die Auseinandersetzung mit dem sperrigen, langgestreckten Gebäuderiegel in der kleinteiligen umgebenden Bebauung war ein weiteres Planungsziel. Der Riegelcharakter des Gebäudes sollte gemindert, wenn nicht sogar aufgehoben werden. So wurde das langgestreckte Dach durch Einschnitte an den Erschließungspunkten in drei Teile aufgelöst, die der darunter liegenden Wohnungsaufteilung entsprechen.

Den Architekten und zukünftigen Benutzern lag zudem an der Berücksichtigung ökologischer Gesichtspunkte, insbesondere bei der Auswahl der Baumaterialien.

DIE UMBAU-MASSNAHMEN

Da die Decken des Fabrikgebäudes große Ungenauigkeiten aufwiesen, wurden durchgehende Raumdecken abgehängt. Wohnungswände sind teils gemauert, teils in Leichtbauwandkonstruktionen errichtet worden. Die alten Fabrikfußböden mußten einem neuen Fließestrich mit verschiedenen Belägen weichen. Die additiven Fensterelemente aus der Fabrikzeit wurden zugunsten einer aus den Grundrissen entwickelten Folge von Öffnungen und Wandflächen aufgegeben, große Dachgauben zusätzlich eingebaut. Die ehemalige Fabrik hat sich durch diese Maßnahmen in drei »Wohnhäuser« aufgelöst.

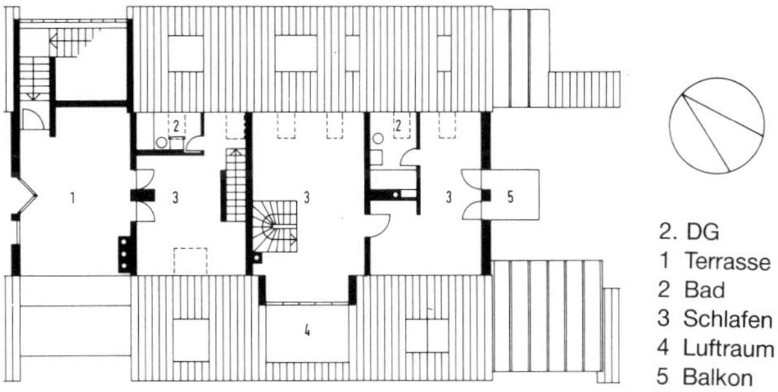

2. DG
1 Terrasse
2 Bad
3 Schlafen
4 Luftraum
5 Balkon

1. DG
1 Diele
2 Küche
3 Wohnen
4 WC
5 Bad
6 Abstellraum

M. 1:400

220 Industrie im Wohngebiet – der Fabrikriegel durchzieht sperrig das Tiefenbachtal.

221 Durch den Umbau ist der Riegel in drei Wohnhäuser gegliedert worden und paßt sich jetzt der umgebenden Bebauung an.

222 Durch das Aufbrechen der alten Fabrikdecken sind die Geschosse offen miteinander verbunden worden.

223 Die Giebelseite der Fabrik

224 Die Verglasung der offenen Erschließungszonen

225 Die alte, der Industrienutzung angepaßte Fassade hat jetzt eine dem Wohnen entsprechende neue Gliederung.

VIERMAL UMGENUTZT: MÜHLE, MANUFAKTUR, ASBESTFABRIK, WOHNANLAGE AM NECKAR

Architekten: ASP Planungsgruppe King, Söllner und Partner
Tübingen

DIE AUSGANGSLAGE

Das Projekt liegt westlich von Tübingen bei Rottenburg und ist dort unter dem Namen »Manufaktur im Preußischen« bekannt. Seine wechselvolle Umnutzungsgeschichte reicht mit den ältesten Gebäudeteilen ins 14. Jahrhundert zurück. Die ursprünglich als Mühle gebaute Anlage wurde nach der Jahrhundertwende als Weberei genutzt, brannte 1916 teilweise ab, wurde wieder aufgebaut und war dann bis 1970 Asbestfabrik. Nach Aufgabe der Produktion stand das Gebäude lange leer und sollte schließlich zugunsten der Straßenerweiterung abgerissen werden.

Die obere Denkmalschutzbehörde wollte die bau- und heimatgeschichtlich wichtige Anlage erhalten und ließ durch Gutachten die Umnutzung zu einer Wohnanlage prüfen. Das Ergebnis war positiv, der Abriß war verhindert, die malerisch direkt am Neckar gelegenen Gebäude konnten zu Wohnungen umgeplant werden.

DAS PLANUNGSKONZEPT

Voraussetzung für die neue Nutzung war eine vollständige Reinigung und Entsorgung der Fabrik von Asbestrückständen. Kleine Nebengebäude und Schuppen wurden abgerissen. Im Rahmen der Straßenverbreiterung wurde die Fassade bis zum 1. Obergeschoß zurückversetzt, der Fuß- und Radweg wurde arkadenartig durch das Erdgeschoß des Vorderhauses gelegt. Als Verbindung der beiden Gebäude dient im 1. und 2. Obergeschoß ein Brückenbau, der darunterliegende alte Mühlenkanal wurde wieder freigelegt.

Die Wohnanlage beherbergt 18 Ein- bis Fünfzimmerwohnungen mit individuellen Grundrißlösungen, die sich behutsam an dem alten Baubestand orientieren.

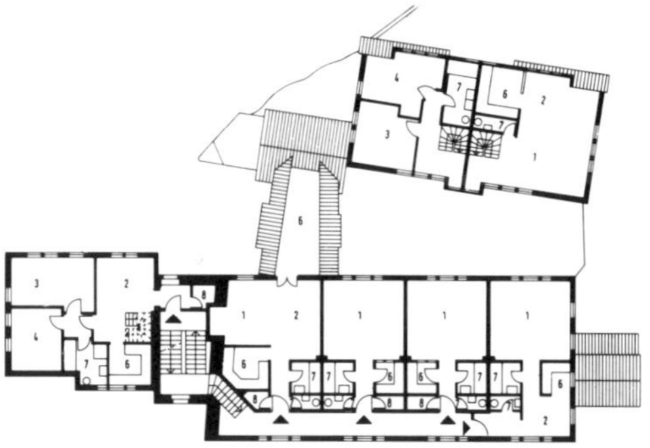

2. OG
1 Wohnen
2 Essen
3 Schlafen
4 Kinder
6 Küche
7 Bad/WC
8 Abstellraum
9 Terrasse

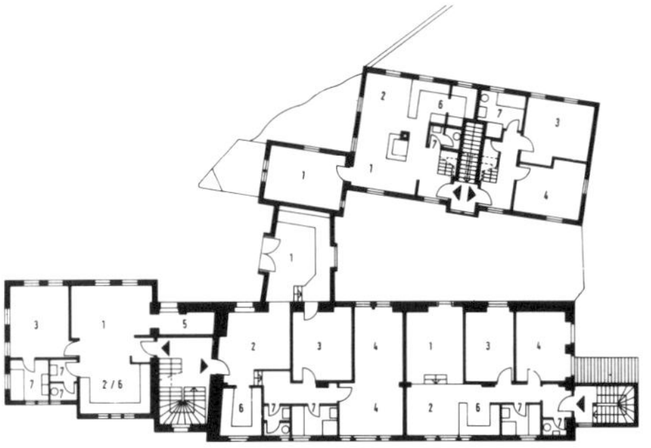

1. OG
1 Wohnen
2 Essen
3 Schlafen
4 Kinder
5 Arbeiten
6 Küche
7 Bad/WC

M. 1:400

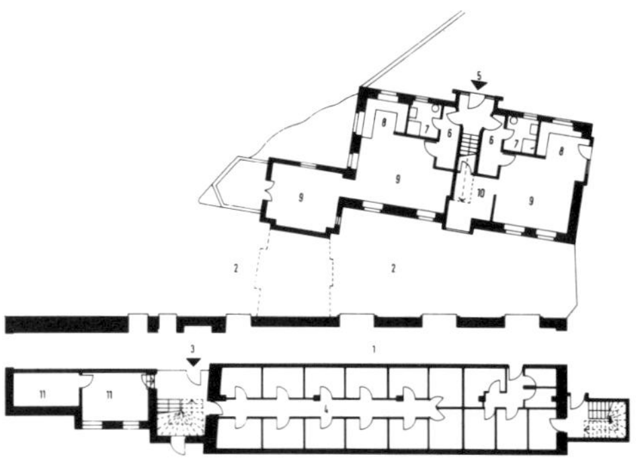

EG
1 Arkadenweg
2 Mühlenkanal
3 Zugang zum Haupthaus
4 Abstellräume Wohnungen
5 Zugang zum Nebenhaus
6 Flur
7 Bad
8 Küche
9 Wohnen/Schlafen
10 Arbeiten
11 Technik

DIE UMBAU-MASSNAHMEN

Die vorhandenen Sandsteinfundamente wurden in Stahlbeton ergänzt, die notwendigen neuen Außenwände wurden 30 cm stark aufgemauert, die Innenseiten der vorhandenen Außenwände mit einer Dämmschicht versehen und mit Gipskartonplatten verkleidet, bzw. verputzt. Sämtliche Innenwände wurden trocken in Leichtbauweise erstellt.

Nach statischen Erfordernissen sind die Erdgeschoßdecken massiv, in den oberen Geschossen als Holzbalkendecken ausgeführt.

Das Dachgeschoß wurde den Wärmeschutzbestimmungen angepaßt und zwischen den Sparren mit Mineralwolle gedämmt und soweit wie möglich mit den vorhandenen alten Biberschwanzziegeln eingedeckt. Sämtliche Blecharbeiten, wie Rinnen, Fallrohre und Verkleidungen, wurden in Kupfer ausgeführt.

226 Die alte Asbestfabrik am Neckar

227 Die Gasse zwischen den beiden restaurierten Fachwerkgiebeln

228 Die Wohnanlage am Neckar nach dem Umbau

TABAKFABRIK IN ENDINGEN/SCHWARZWALD

Architekt: Hubert Brinckemper
Endingen

DER BESTAND

Die 1910 gebaute Tabakfabrik, nur 300 Meter vom Ortszentrum entfernt, in der vornehmlich Stumpen produziert wurden, bot sich zur Umnutzung an, zumal die Bausubstanz insgesamt gut erhalten war. Die drei Interessenten kauften gemeinsam das Fabrikgebäude und bauten es ihren Wohnvorstellungen entsprechend um. Große Geschoßhöhen in den ehemaligen Produktionsräumen, im Erdgeschoß 4,50 Meter, im Obergeschoß bis unter den First 6,20 Meter, ließen schon die Möglichkeiten ahnen, die dieses Haus für die Umnutzung bot. Dickes Massivmauerwerk garantierte Wärmeschutz, 2,70 Meter hohe Fenster Licht und Sonne. Außer der Erneuerung der Dachlatten waren keine Reparaturen am Bestand erforderlich.

DIE PLANUNG

Wie so häufig bei Fabrikgebäuden, bot die vorhandene Tragkonstruktion im Inneren als Skelett aus Stützen und Trägern ideale Möglichkeiten zur Umnutzung und für Einbauten, ohne Einschränkung durch tragende Mauern im Inneren. In das innere Holzskelett sollten drei dreigeschossige Wohnungen über drei Geschosse eingebaut werden. Wichtig war den Bewohnern dabei, daß die ersten beiden Geschosse akustisch und optisch Kontakt miteinander haben. Dies kommt insbesondere den Kindern der drei Familien zugute, die beim Spielen auf dem Galeriegeschoß Verbindung mit den Erwachsenen im Erdgeschoß haben. Die großen Raumhöhen sollten für offenes Wohnen auf verschiedenen Ebenen, Galerie und eingestellte Podeste genutzt werden. Offene Kamine ergänzen in allen drei Wohnungen für die Übergangszeiten die Heizungsanlage. Bei allen notwendigen Einbauten waren sich die Bewohner darin einig, die Holzskelettkonstruktion nicht anzutasten.

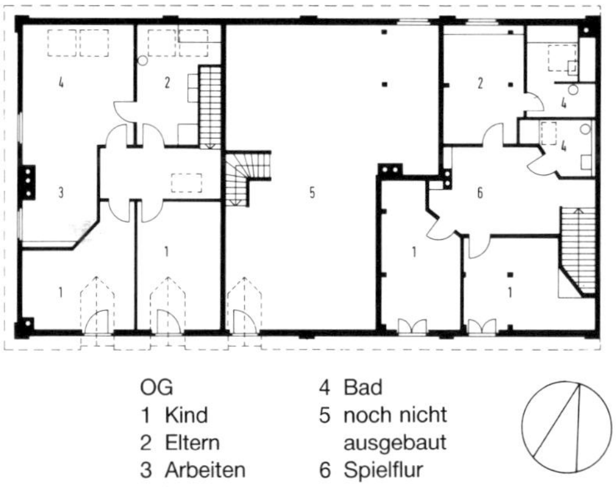

OG
1 Kind
2 Eltern
3 Arbeiten
4 Bad
5 noch nicht ausgebaut
6 Spielflur

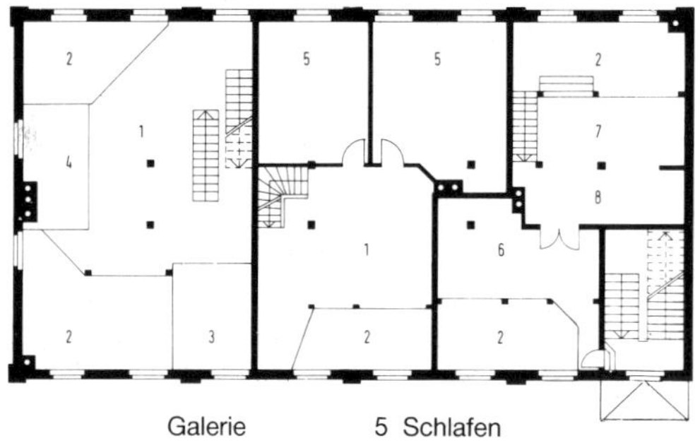

Galerie
1 Wohngalerie
2 Luftraum
3 Bücher
4 Musik
5 Schlafen
6 Spielgalerie
7 Arbeiten
8 Wohnbad

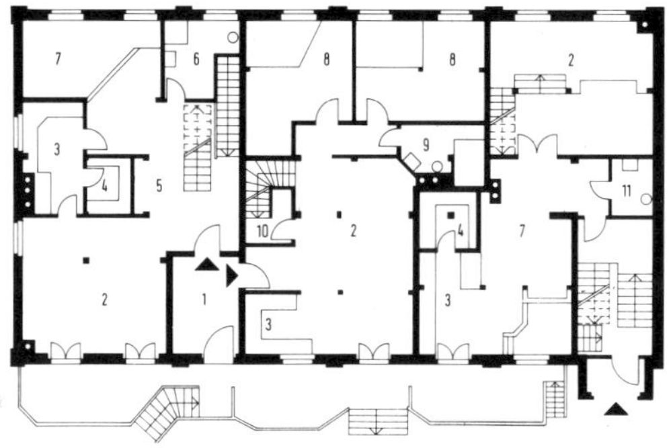

EG
1 Windfang
2 Wohnen
3 Küche
4 Abstellraum
5 Diele
6 Bad
7 Essen
8 Schlafen
9 Bad
10 Abstellraum
11 WC

M. 1:400

DIE UMBAU-MASSNAHMEN

Ein wesentlicher Grund für den Erwerb der Fabrik war ihr guter Zustand. So brauchte an der äußeren Hülle nicht allzuviel erneuert zu werden. Abgerissen wurden im Inneren ein großer Lastenaufzug aus der Zeit der Stumpenfabrikation sowie einige Büro- und Waschräume. Im Dachgeschoß wurden einige Dachflächenfenster und zu der bestehenden Gaube zwei weitere eingebaut. Innen wurden sehr unterschiedliche, auf die Bedürfnisse und die finanziellen Mittel der drei Familien zugeschnittene Räume um die offenen Geschoßtreppen gelegt. Die Trennwände sind in Leichtbauweise mit alten Glaselementen der Fabrik erstellt worden, die die Wohnungen noch offener und heller machen sollten. Zwischen dem Erdgeschoß und dem Obergeschoß, dem ehemaligen Tabakboden, konnte aufgrund der großen Höhe zur Erweiterung der Wohnfläche ein hölzernes Galeriegeschoß eingezogen werden.

229 Vor der Umnutzung. Schon beim Verkaufsangebot wurde auf die »diversen Umnutzungsmöglichkeiten« hingewiesen.

230 Das Erdgeschoß der Tabakfabrik mit der Holzskelettragkonstruktion, die beim Einbau der Wohnungen erhalten wurde.

231 Der Sitzplatz auf der Empore – offen zum Gesamtgrundriß, aber durch die drei Stufen herausgehoben und abgegrenzt.

232 Blick von der Galerie auf die kleine Empore

233 Die Fassade nach dem Umbau mit der neuen Holzterrasse, aber sonst unverändert, da der alte Zustand alle Umbauwünsche auch so zuließ.

234 Wohnraum im Obergeschoß mit eingezogener Galerie

235 Der eigentliche Wohnbereich mit altem Kachelofen unter der Galerie

236 Der Übergang zwischen Eß-platz und offener Küche

237 Eingelassenes Waschbecken und Ablage im kleinen WC

EHEMALIGE SENFFABRIK IN KOBLENZ

Architekt: Alexander von Canal
Koblenz

DER BESTAND

In einem Landkartenwerk von 1803 ist die alte Fabrik bereits enthalten, ein genaues Entstehungsdatum ist aber nicht bekannt. Die ehemals U-förmig angelegte Fabrikanlage wurde schon lange nicht mehr zur Produktion genutzt – die Anlage verfiel, einige Gebäudeteile wurden abgerissen.
Das Grundstück der ehemaligen Senffabrik liegt malerisch am Mosellauf unmittelbar neben einem Jachtclub in Koblenz-Metternich.

DIE PLANUNG

Der ursprüngliche Gedanke, die alte Gesamtanlage wieder aufzubauen, scheiterte am Einspruch der Stadt. Die neue Lösung ist ein Kompromiß aus der Ergänzung des alten Haupthauses durch einen gestaffelten Anbau und einem gegenüberliegenden winkelförmigen Neubau. Es sollten drei separate Wohneinheiten für eine Familie geschaffen werden, die hier mit drei Generationen zwar nicht unter einem Dach, aber doch im Familienverbund leben will.
Das Areal wird von der hochwasserfreien Nordseite erschlossen, jede Wohneinheit ist separat zugänglich, die Gärten liegen nach Süden zum Wasserlauf.

DIE UMBAU-MASSNAHMEN

Wegen des alljährlichen Hochwassers mußte das Wohnniveau des Erdgeschosses um 1,20 m angehoben werden, so konnte die ursprüngliche Brüstungshöhe in der Fabrik von meist über zwei Metern ganz selbstverständlich auf normale 90 cm reduziert werden.
Die historische Bebauung sollte trotz der umfangreichen Ergänzungen ablesbar sein. Das alte Bruchsteinmauerwerk wurde mit leichten Korrekturen erhalten, alle neuen Wandflächen wurden hell verputzt.
Die Verbindungsglieder zwischen Alt- und Neubau sowie die neuen Gauben und Dachdurchdringungen wurden mit Zink eingedeckt und so als Ergänzungen kenntlich gemacht.
Die Gestaltung des Inneren ist das Ergebnis eines ständigen Dialogs zwischen Bauherren und Architekt mit dem Ziel, einen großen Teil des Innenausbaus in Eigenleistung zu erstellen. Das hat zwar die Bauzeit auf drei Jahre verlängert, aber auch etwa 30% Baukosten eingespart.

238 Altes Firmenzeichen

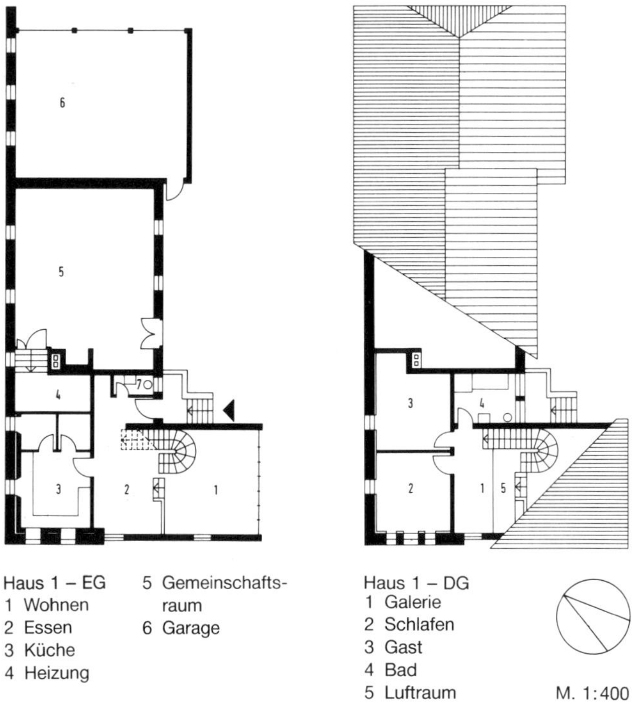

239 Haus 1 – Der alte Fabrikbau an der Nordseite des Grundstücks

240 Die Südfassade mit altem Tor als Kellerzugang

241 Detail Kellerzugang

242 Die Nordseite nach dem Umbau mit neuem Garagenhof bei Haus 1

243 Der neue Eingang in alter Maueröffnung

ALTE SENFFABRIK – HAUS 2

Architekt: Alexander von Canal
Koblenz

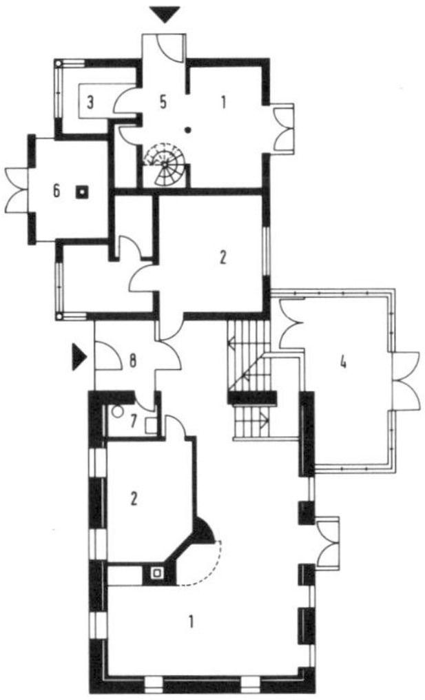

Haus 2 – EG
1 Wohn-Eßraum
2 Bibliothek
3 Küche
4 Wintergarten
5 Einlieger-
wohnung
6 Haustechnik
7 WC
8 Windfang

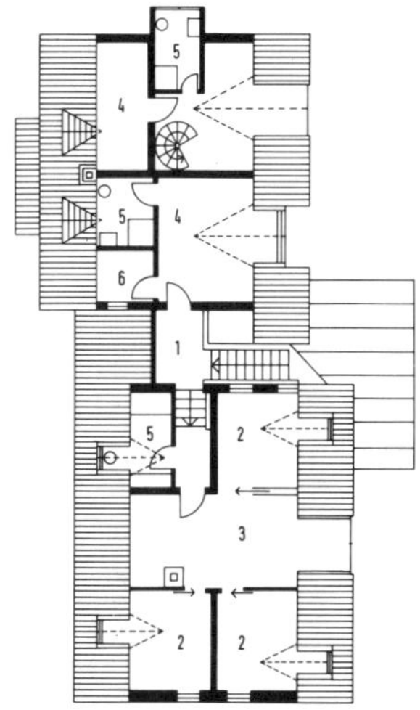

Haus 2 – DG
1 Treppenhaus
2 Kinder
3 Spielzimmer
4 Eltern
5 Bad
6 Schreibzimmer
7 Wohnen

M. 1:400

244 Haus 2 – Der alte Bestand auf der Südseite

245 Blick aus dem Spielzimmer auf die Mosel

246 Südseite Haus 2 mit dem neuen gläsernen Verbindungsteil zum Altbau

247 Durchblick von der neuen Diele in den Wohnraum

248 Der Verbindungsteil zum Neubau

KARTONAGENFABRIK IN KÖLN

Architekten: Professor Erich Schneider-Wessling
Köln

DIE AUSGANGSLAGE

Die um die Jahrhundertwende erbaute Kartonagenfabrik liegt im Sanierungsgebiet »Belgisches Viertel« in Köln. Der Betrieb auf dem Gelände war eingestellt worden, das Gebäude stand zum Verkauf. Im Rahmen der Revitalisierung des Viertels um den Friesenplatz wurde die Fabrik saniert und um das im Krieg zerstörte Dachgeschoß wieder vervollständigt.

Die private Initiative eines Kunsthändlers hat die Fabrik nicht nur vor dem zunächst geplanten Abriß bewahrt, sondern sie hat gleichzeitig durch die Ansiedlung von Künstlern und Galeristen einen neuen kulturellen Akzent in Köln gesetzt.

DAS PLANUNGSKONZEPT

Das Fabrikgebäude wurde in ein Galerie-, Atelier- und Wohnhaus umgewandelt, die Substanz des Gebäudes im wesentlichen erhalten, saniert und den heutigen Erfordernissen angepaßt. Schuppen und Nebengebäude aus der Zeit der Fabriknutzung wurden abgerissen und in Lichthöfe und Gärten umgestaltet.

Das wiederaufgebaute Dachgeschoß beherbergt die zweigeschossigen Atelierwohnungen, die über einen Patio erschlossen werden.

Die Belichtung erfolgt über großzügige Schrägverglasungen in den Dachflächen. So wirken die Dachwohnungen wie überdachte »Innenhöfe«. Die sichtbar belassene Struktur der Holzkonstruktion schafft in den Wohnungen eine besondere Atmosphäre.

Das Dachgeschoß setzt sich durch den Struktur- und Materialwechsel deutlich erkennbar als aufgesetztes Neubauteil von den vorhandenen Putz- und Mauerwerksfassaden ab.

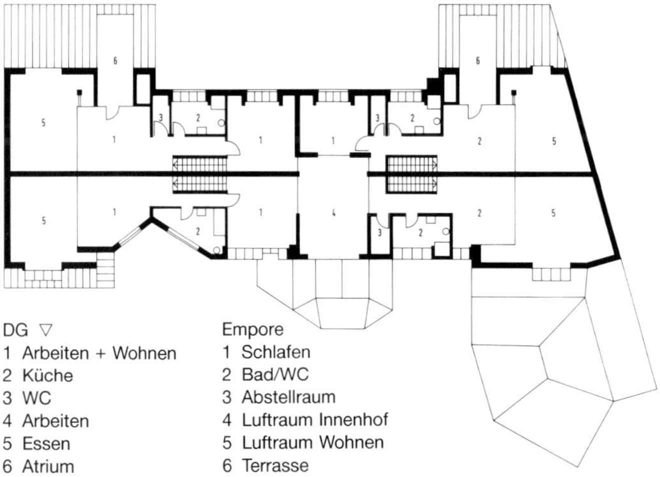

DG ▽
1 Arbeiten + Wohnen
2 Küche
3 WC
4 Arbeiten
5 Essen
6 Atrium
7 Aufgang zur Empore
8 Treppenhaus
9 Innenhof

Empore
1 Schlafen
2 Bad/WC
3 Abstellraum
4 Luftraum Innenhof
5 Luftraum Wohnen
6 Terrasse

M. 1:500

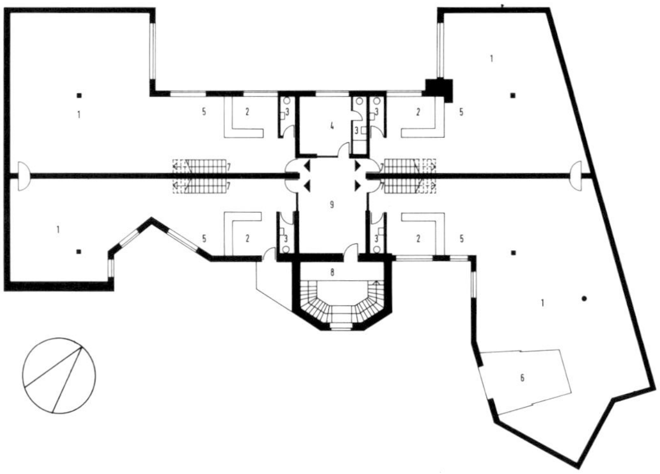

249 Die frühere Kartonagenfabrik von Nord-Osten

DIE UMBAUMASSNAHMEN

Die bestehenden Putz- und Ziegelfassaden wurden ausgebessert, die Fenster der neuen Wärmeschutzverordnung angepaßt und die Zugänge von den Treppenhäusern zu den einzelnen Geschossen aus brandschutztechnischen Gründen feuerhemmend ausgebildet.

Im neuen Dachgeschoß wurden die Drempelergänzungen in der gleichen Art wie die bestehende Fassade, die Brandwände als Mauerwerk und das Dach in Titanzink auf Holzkonstruktion ausgeführt. Nach statischer Erfordernis wurden nicht sichtbare Konstruktionen in Stahlbeton ausgebildet. Die Zwischenwände wurden als Leichtbauwände, die Ateliertrennwände als zweischaliges Mauerwerk, die Emporen und Treppen als Holzkonstruktion ausgeführt.

Im Innenausbau unterstreichen die verputzten Wände, das Holzpflaster auf schwimmendem Estrich als Fußboden und die industriemäßige Isolierverglasung der Atelierfenster mit unterer Scheibe aus Drahtglas zusammen mit der Möblierung den besonderen Ateliercharakter der Wohnungen.

250 Die Empore mit sichtbarer Holzkonstruktion

251 Das Atelierfenster nach Süden

252 Das wiederaufgebaute Dachgeschoß mit den großen Atelieroberlichtern

253 Der Ateliercharakter setzt sich auch in der offenen Küche fort: Die Küchenfronten sind eigenständige Farb- und Flächenkompositionen, die in starkem Kontrast zu der streng funktionalen Holzkonstruktion stehen.

254 Das Atelierfenster ermöglicht den weiten Blick über die Stadt, auch von der Badewanne aus.

255 Atelier mit Oberlicht

256 Arbeiten auf der Empore

DOPPELSPEICHER VON 1624 IN FRIEDRICHSTADT

Architekten: Jungjohann + Hoffmann + Krug
Kiel

DER BESTAND

Das Ensemble in der Altstadt von Friedrichstadt hat eine besondere städtebauliche Bedeutung: Es ist als Abschluß- und Eckgebäude eines »Schachbrettfeldes« ein bemerkenswertes Zeugnis des ursprünglich nach holländischem Muster angelegten Stadtgrundrisses.

Die zweiachsigen Treppengiebelhäuser wurden 1624 als getrennte Einheiten gebaut und wurden bis 1844 auch so in den Archivunterlagen geführt, auch wenn der doppelte Giebel – ein einziger Giebel wäre bei der Breite des Hauses übermäßig hoch geworden –, der durchgehende Zahlenanker und der mittig angeordnete Eingang etwas anderes vermuten lassen.

All das kam erst wieder bei der umfangreichen Archivarbeit und der Bestands- und Bauaufnahme des inzwischen vielfach umgebauten Hauses zutage. Der bauliche Zustand war mehr als desolat: das Mauerwerk war brüchig, hatte breite Risse, die Außenwände waren lotrecht bis zu 40 cm verformt, und die Giebel standen ohne konstruktiven Verbund frei vor den Häusern – ein Wunder, daß sie nicht längst eingestürzt waren.

DAS PLANUNGSKONZEPT

In Abstimmung mit dem Landesamt für Denkmalpflege wurde für die beiden Häuser ein unterschiedliches Konzept erarbeitet: das rechte, südliche Giebelhaus wurde wieder als eigenständiges Gebäude abgetrennt, mit dem ursprünglichen Eingang versehen und vom Keller über die Upkammer bis zum Wohnfach und den Alkoven rekonstruiert. Das Konzept schloß ein, einen Nutzer zu finden, der dieses Konzept mitträgt, damit das Gebäude auch wirklich genutzt wird und nicht nur Schaustück ist.

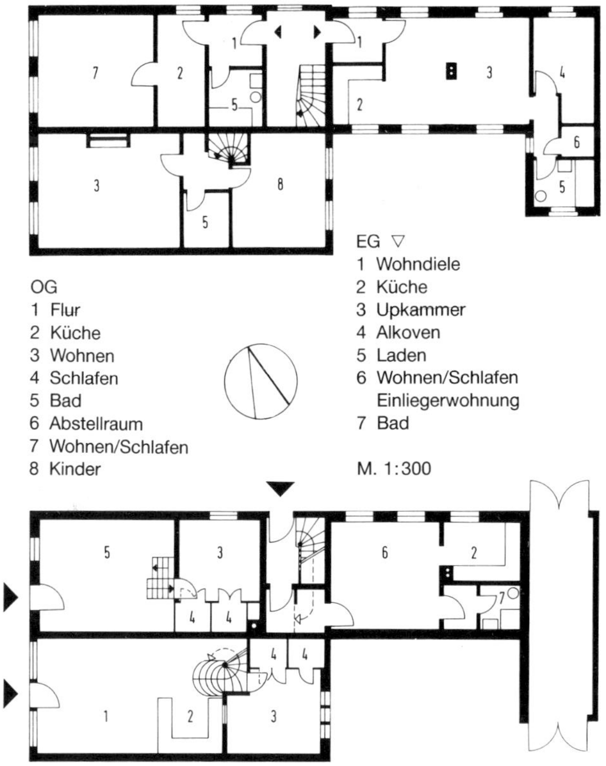

257 Der Zwillingsgiebel – eine ungewöhnliche Bauform – vor dem Umbau. Die Symmetrie in der Fassade entspricht nicht der ursprünglichen Nutzung der einstmals getrennten und eigenständigen Häuser.

Das linke, nördliche Eckhaus konnte dagegen nur im vorderen Bereich zur Straße rekonstruiert werden, das zwischenzeitlich eingebaute Treppenhaus wurde belassen, ebenso das Hinterhaus.

Der Laden und die drei Wohnungen in diesem Teil des Hauses waren lange vor Fertigstellung vermietet. Und alle an der umfangreichen Restaurierung Beteiligten haben großzügig die notwendigen Abweichungen von den festgeschriebenen Normen und Bauvorschriften in Kauf genommen – ein Beispiel für das große Interesse an der historischen Substanz und dem Wohnen mitten in der Stadt.

DIE UMBAUMASSNAHMEN

Im Vordergrund stand die statische Sicherung des Gebäudes. Die Vorderhäuser wurden durch Zuganker in den Decken und verdeckt liegende Konstruktionen in den Wänden an das relativ stabile Hinterhaus angebunden.

Die alten Fenster- und Türöffnungen wurden rekonstruiert und wiederhergestellt, ebenso das durch Frost zerstörte Giebelmauerwerk.

Die Dachpfannen wurden einzeln gesichtet und die wiederverwendbaren wurden nach der Restaurierung des Dachstuhls an der sichtbaren Straßenseite verlegt.

Nach 1½ Jahren Bauzeit war das Gebäude bezugsfertig. Die vielen Fundstücke, die während der Restaurierung zutage kamen, haben dazu beigetragen, die Biografie des Gebäudes nachvollziehen zu können. So z. B. die 40 freigelegten Tapetenschichten, von denen heute einige zum Bestand des Tapetenmuseums in Kassel gehören.

258 Der Kamin im Wohnraum des Obergeschosses

260 Treppenaufgang zur Upkammer in der alten, gerundeten Form

259 Das Ergebnis der gründlichen baugeschichtlichen Bestandsanalyse war die Wiederherstellung der ursprünglichen Fassadengliederung zweier getrennter Gebäude.

261 Die rekonstruierten Fensterformen und das mit alten, vorhandenen Ziegeln eingedeckte Dach

MASCHINENHAUS EINES WASSERKRAFTWERKS

Architekt: Dieter Hunold
Zell i. W.

DER BESTAND

Das Wasserkraftwerk wurde 1920 zur Stromversorgung eines Textilbetriebes erbaut. Es ist eines von vielen am Flußlauf der »Wiese« im südlichen Schwarzwald. Inzwischen technisch veraltet und baulich in desolatem Zustand, wurde das kleine Kraftwerk vor einigen Jahren stillgelegt und verfiel.

DIE PLANUNGSAUFGABE

Die Bestandsaufnahme ergab, daß die Kraftwerksanlage mit Maschinenhaus und Nebenräumen für eine Umnutzung zu einem großzügigen Wohnhaus für eine Familie durchaus geeignet war. Auch der Wunsch, das Gebäude bei weniger Raumbedarf in zwei Wohneinheiten teilen zu können, ließ sich realisieren.
Die Grundstückslage, malerisch am Flußlauf, aber an einer vielbefahrenen Landstraße, erforderte eine Orientierung der Wohnräume zum Wasser und eine Abschirmung zur Straße durch einen großen Wintergarten- und Gewächshausvorbau. Alle wichtigen Räume öffnen sich zu diesem Wintergarten mit einer üppigen »Natur unter Glas«, da der Straßenlärm eine Gartennutzung kaum zuläßt.
Das eigentliche Turbinenkraftwerk – unter dem Wintergarten gelegen – sollte wieder instandgesetzt werden und das Gebäude mit Energie versorgen, überschüssige Energie kann in das öffentliche Netz eingespeist werden.

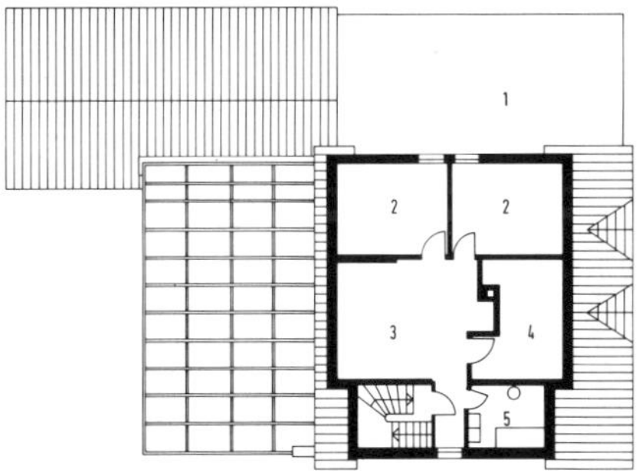

DG
1 Balkon
2 Schlafen
3 Wohnen
4 Küche
5 Bad

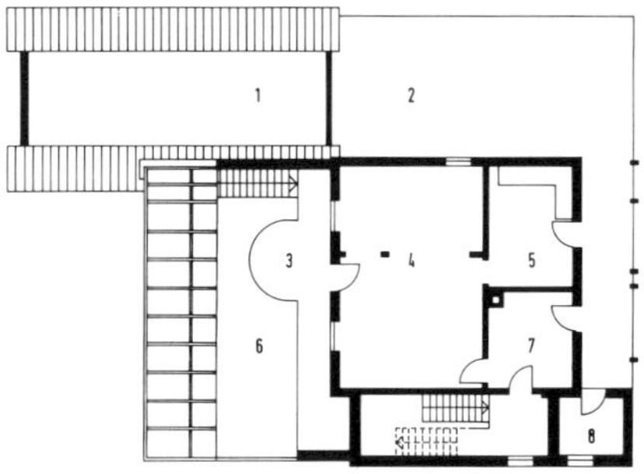

OG
1 Luftraum Maschinenraum
2 Balkon
3 Empore
4 Wohnen
5 Küche
6 Luftraum Wintergarten
7 Vorraum
8 Abstellraum

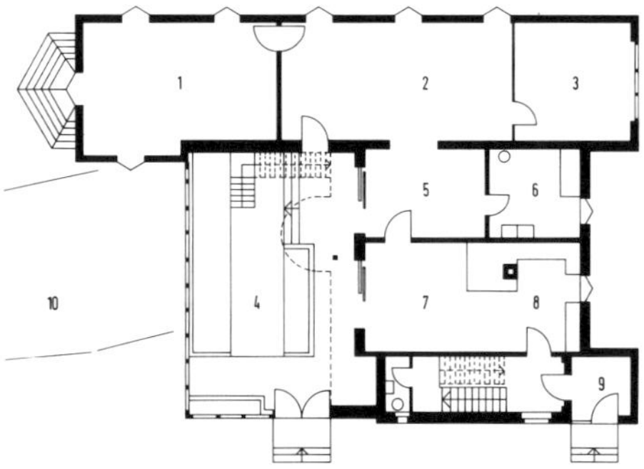

EG
1 Maschinenraum
2 Wohnen
3 Schlafen
4 Wintergarten
5 Flur
6 Bad
7 Essen
8 Küche
9 Windfang
10 Gewerbekanal

M. 1:400

DIE UMBAUMASSNAHMEN

Das Gebäude – ungedämmt in Stahl- und Holzfachwerk ausgeführt – diente eigentlich nur als Rohbau und mußte an den Umfassungswänden und im Dach vollkommen neu gedämmt, die Fassaden mußten zusätzlich neu verblendet werden. Der gesamte Innenausbau und die technische Ausstattung sind neu, wobei ein ganz besonderes Gewicht auf die Ausstattung des Wintergartens gelegt wurde, der hier den Garten ersetzen muß.

262 Der Zustand des Wasserkraftwerks beim Kauf der Anlage

263 Der Baukörper ist erhalten und zum Wohnhaus umgenutzt. Das sanierte Turbinenwerk liefert in Kürze auch wieder eigenen Strom.

264 Die Straßenfassade. Dahinter das Treppenhaus, das das Innere gegen den Straßenlärm abschirmt.

265 Die Empore im Wintergarten

266 Blick vom Wasser auf das frühere Maschinenhaus

LAGERHAUS IN FRANKFURT

Architekt: Michael Kleinert
Frankfurt

DER BESTAND

Das ehemalige Lagerhaus eines Fuhrunternehmens, ein Backsteingebäude, liegt im Sanierungsgebiet Frankfurt-Bockenheim. Es sollte ursprünglich, den »Entkernungsvorstellungen« der Stadt Frankfurt entsprechend, abgerissen werden, wenngleich seine Bausubstanz sowohl in technischer als auch in formaler Hinsicht durchaus erhaltenswert war. Durch die Initiative einer Gruppe junger Leute konnte die Stadt davon überzeugt werden, daß der Erhalt des Lagerhauses für die äußere Erscheinungsform des Stadtteils Bockenheim von Bedeutung ist. Aufgrund dieser Initiative wurden Sanierung und Umnutzung des Lagerhauses dann sogar von der Stadt gefördert.

DIE PLANUNG

Die Gruppe entwickelte zwei Planungsziele: Wiederherstellung und Sanierung der Bausubstanz, Einfügung von neuen Bauteilen und Details in den Fassaden, Umbau im Inneren und Entwicklung von Vorstellungen gemeinschaftlichen Wohnens. Veränderungen in der Nutzerstruktur sollten durch Veränderungen im Grundriß möglich sein, die im Bauprozeß ständig erfolgten und teilweise heute noch andauern.
Das Erdgeschoß sollte gänzlich gemeinsamer Nutzung vorbehalten bleiben, die beiden Obergeschosse allein dem Wohnen dienen. Als Zentrum des Gemeinschaftswohnens wurde die Wohnküche im Schnittpunkt der beiden Bauteile, rechts und links der Treppe, angesehen. Um dieses Kommunikationszentrum legen sich zwei zweigeschossige individuelle Wohnbereiche. Diese Zweigeschossigkeit wurde durch den Neubau des Satteldaches möglich gemacht.

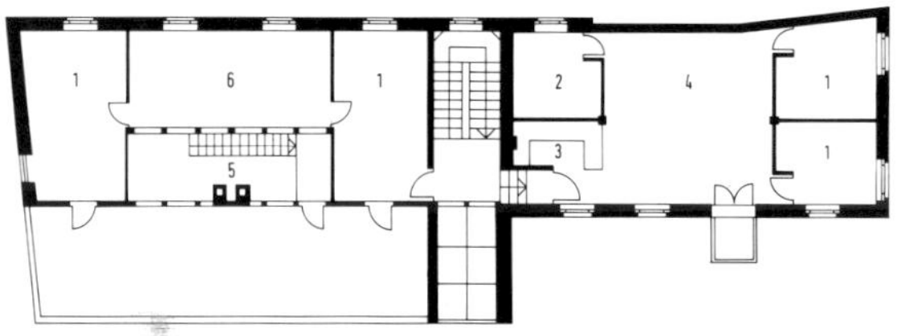

1. OG ▽
1 Gemeinschafts-wohnen
2 Küche/Essen
3 Wohnen
4 Schlafen
5 Arbeiten
6 Bad

1. OG/Empore
1 Schlafen
2 Arbeiten
3 Küche
4 Essen/Wohnen
5 Luftraum
6 Spielen

M. 1:400

267 Die alte Fabrikfassade mit dem beginnenden Aufbau des ergänzenden Dachgeschosses

268 Zustand vor dem Umbau – die alte Lagerhauskonstruktion aus Stahlstützen, Unterzügen und Kappendecken

DIE UMBAU-MASSNAHMEN

Die vorhandenen Backsteinfassaden wurden behutsam saniert, im Bereich der ehemals fensterlosen Giebel-Brandwände neue Fassaden als Komposition von neuen und alten Bauelementen entwickelt. Da die wechselnde Oberfläche der alten Steine mit neuen Steinen nicht erreicht werden konnte, wurde in den neuen Fassadenteilen in deutlichem Gegensatz ein bewußt »anderes« Erscheinungsbild durch wechselnde Streifen unterschiedlicher Farbigkeit geschaffen.
Die häufige Verwendung von Holzbauteilen erklärt sich aus den handwerklichen Fertigkeiten der Gruppenmitglieder. Aufgrund der Dicke der alten Mauern wurde auf eine bauphysikalisch ohnehin bedenkliche innere Dämmung verzichtet.
Eingebaut wurden neue Holzfenster, schnell wieder versetzbare, leichte Trennwände und die gesamte Haustechnik. Ein Teil der Dachflächen ist begrünt worden.

271 Die Nordfassade mit neuer Verblendung. Der holzverkleidete Mittelteil nimmt Bezug auf die Toreinfahrt des ehemaligen Fuhrunternehmens. ▷

269 Die ehemaligen geschlossenen Brandwände haben den Wohnräumen entsprechende neue Öffnungen erhalten. ▷

270 Die erhaltene Fabrikfassade mit dem aufgesetzten Dachgeschoß. Ein Teil des angrenzenden Daches ist begrünt worden.

SPÄTGOTISCHER SPEICHER IN LÜBECK

Architekt: Klaus Mai
Lübeck

DIE AUSGANGSLAGE

Der Speicher in der Altstadt ist ein zweigeschossiges, giebelständiges Gebäude, 20 Meter lang, wie es in der Lübecker Innenstadt häufig anzutreffen ist. Es ist in der Denkmalliste eingetragen, stammt vermutlich aus dem späten 15. Jahrhundert und hat in seinen Mauern viele Nutzungen erlebt – zuletzt als Gaststätte. Das Gebäude wies beim Kauf erhebliche Bauschäden auf, und die technische Ausstattung war minimal. Ein gartenseitiger Flügelanbau und weitere Überbauungen des hinteren Grundstücks wurden im Rahmen der Sanierung abgerissen. Aus denkmalpflegerischer Sicht sind neben den Fassaden und Brandwänden nur die Deckenbalken des Erdgeschosses und das Dachtragwerk von Bedeutung. Die Aufgabe für den Architekten bestand in einer umfassenden Sanierung des Hauses, der Planung eines Flügelanbaus sowie der Umgestaltung der Geschosse in ein städtisches Einfamilienwohnhaus auf drei Ebenen mit rekultiviertem Gartenhof.

DAS PLANUNGSKONZEPT

In der historischen Hülle sollten die Bedürfnisse einer sechsköpfigen Familie mit modernen Mitteln erfüllt werden. Besonderer Wert wurde dabei auf eine sehr offene und großzügige Grundrißstruktur insbesondere im Erdgeschoß gelegt. Die große Dielenhalle, ein Merkmal vieler Lübecker Speicher und Bürgerhäuser, dient dabei als Aufenthaltsraum und Erschließung für das Wohnen auf drei Ebenen.

Offenheit wurde durch die diagonale Wandführung vom Straßen- bis zum Hoffenster in der großen Diele und durch den über alle Geschosse reichenden Luft- und Treppenraum erreicht. Bei der Planung stand neben einer neuen und zeitgemäßen Grundrißstruktur die gute Belichtung aller Aufenthaltsräume – in alten, denkmalgeschützten Häusern häufig schwer zu erzielen – im Vordergrund. Die Wiederherstellung der ursprünglichen großen Fensteröffnungen und die Belichtung des Treppenhauses vom Dach her erfüllen diese Forderung.

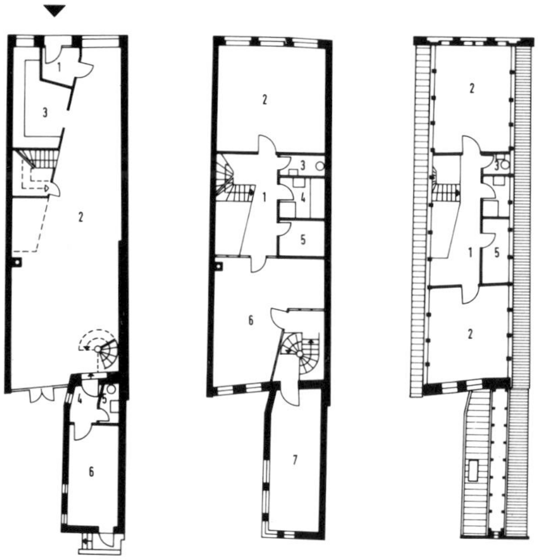

EG
1 Windfang
2 Diele
3 Küche
4 Flur
5 WC
6 Keller

OG
1 Flur
2 Kinder
3 WC
4 Bad
5 Abstellraum
6 Schlafen
7 Wohnen

DG
1 Diele
2 Kind
3 WC
4 Bad
5 Heizung

M. 1:400

273 Der Giebel mit versetztem Eingang, flankiert von dem Dielen- und kleinerem Küchenfenster

272 Der Straßengiebel mit den maßstabslosen Fenstern vor dem Umbau

DIE UMBAU-MASSNAHMEN

Wesentliche Maßnahmen der Bestandssicherung lagen in der Sanierung des historischen Mauerwerks und der alten Holzkonstruktion der Decken und des Dachstuhls durch Ausbessern und Auswechseln von Bauteilen. Die alte Fassadenstruktur wurde durch Verändern der Fenstermaße und der Haustür wieder hergestellt, die Gestaltung der Erdgeschoßfenster aus historischen Bezügen abgeleitet – mittiger Kämpfer, untere Holzläden und oben Bleiverglasung – und in eigener Interpretation neu entworfen. In das vorhandene Gefüge der Deckenbalken und Dachsparren wurden die für heutiges Wohnen erforderlichen Räume und Einbauten behutsam eingefügt. Dabei war die Wiederverwendung vorhandener Baumaterialien und der Einsatz von baubiologisch einwandfreien Produkten ein besonderes Anliegen.

274 Die große helle Diele mit diagonal verlaufender Eingangs- und Küchenwand

275 In das Obergeschoß führende neue Wendeltreppe

276 Der Kaminplatz im hinteren Teil der Wohn- und Eßdiele

277 Neue Eingangstür und Dielenfenster mit maßstabgebenden Gliederungselementen – angelehnt an die spätgotische Formensprache

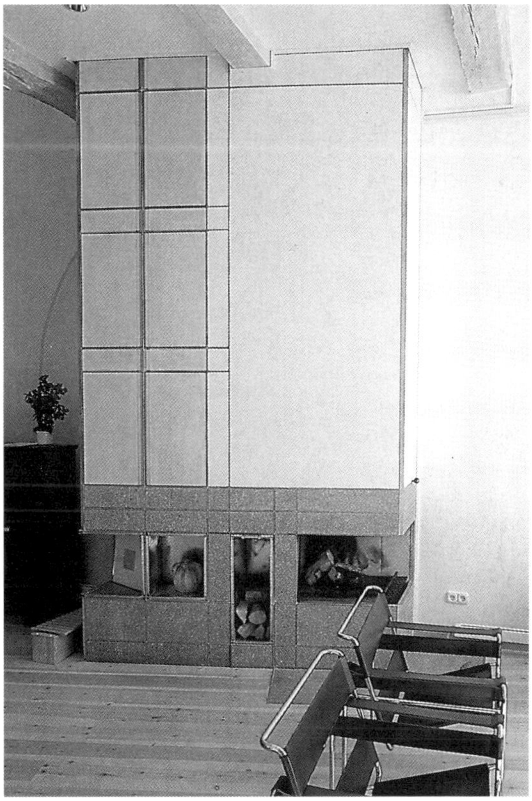

KARTONAGENFABRIK IN KÖLN

Architekt: Thiess Marwede
Köln

DER BESTAND

Die ehemalige Kartonagenfabrik, um 1910 erbaut, wurde im Zweiten Weltkrieg teilweise zerstört, später wieder aufgebaut. Bis 1982 hat das Familienunternehmen die Fabrik noch genutzt, dann wurde sie verkauft, in Teileigentum aufgeteilt und in Zusammenarbeit mit dem Amt für Denkmalschutz der Stadt Köln als Zeugnis alter Industriearchitektur restauriert, umgenutzt und umgebaut. Heute werden die ehemaligen Produktionsetagen als Wohnungen, Galerie, Ateliers und Arztpraxen genutzt.

DIE PLANUNG

Die einzelnen Geschoßebenen, einschließlich des wieder aufgebauten Dachgeschosses, wurden von den verschiedenen Eigentümern und ihren Architekten unter der Maßgabe, die alte innere und äußere Gebäudestruktur zu erhalten, umgebaut. In dem östlichen Teil der Fabrik, im 1. Obergeschoß, sollte eine große Wohnung für eine Ärztin geplant werden, in dem verbleibenden Teil die Praxisräume.
Die statische Konstruktion der ehemaligen Fabrik – Stützen und Unterzüge sind für hohe Nutzlasten ausgelegt – ermöglichte eine von tragkonstruktiven Rücksichten freie Grundrißaufteilung. Dabei wurden die neuen Raumtrennwände so organisiert und gestellt, daß die Stützen frei stehen und die charakteristische alte Tragkonstruktion des Industriebaues sichtbar bleibt. Nur wo es unbedingt erforderlich war, wurden die Räume abgeschlossen, sonst wurde das Prinzip offener, ineinander übergehender Räume ohne Abtrennungen verfolgt.

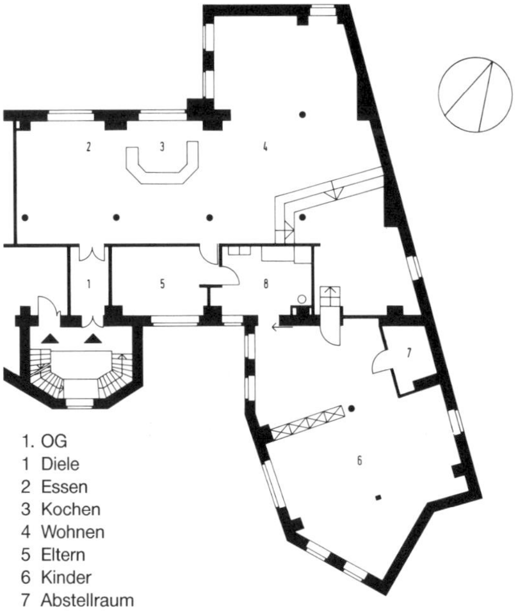

1. OG
1 Diele
2 Essen
3 Kochen
4 Wohnen
5 Eltern
6 Kinder
7 Abstellraum
8 Bad

M. 1:400

DIE UMBAUMASSNAHME

Die Fassade wurde nach Originalplänen restauriert, neue Fenster und Türen nach dem vorgefundenen Teilungssystem eingebaut, die gesamte Haustechnik erneuert und die Flachdächer der Hofbauten zu Sonnenterrassen umfunktioniert. Leichte Trennwände sorgen für die notwendigen Raumabschlüsse, ohne die ehemalige Fabrikstruktur verschwinden zu lassen. Alte Bauteile, z. B. eine Laufkatze im Kinderzimmer, wurden wieder zu neuem Leben erweckt und dienen heute u. a. zum Transport von Getränkekisten, Urlaubskoffern und anderen sperrigen Gütern.

278 Das Produktionsgeschoß mit der charakteristischen Tragstruktur für hohe Nutzlasten

279 Dasselbe Geschoß heute als Wohnung. Die Tragstruktur mit der eigenwilligen Stützenform wird durch das eingebaute Podest noch unterstrichen.

280 Die restaurierte Fassade der Fabrik mit der erhaltenen Laufkatze im 1. Obergeschoß

281 Das Kinderzimmer mit der funktionsfähigen Laufkatze zeigt besonders deutlich die ehemalige Fabriknutzung.

282 Der großzügige offene Grundriß bewahrt den Eindruck der ehemaligen Nutzung als Produktionsebene.

EHEMALIGE HUTFABRIK IN KÖLN

Architekten: ATLANTIS Architekten- und Planergemeinschaft
Krömmelbein, Franz und Partner
Köln

DER BESTAND

Der um 1890 erbaute Gebäudekomplex war ursprünglich eine Hutfabrik, zuletzt Polsterei. Vor einigen Jahren wurde der Betrieb aufgegeben – das Gebäude stand lange leer und verwahrloste.
Das Grundstück liegt zentral im Süden Kölns, nahe zum Rhein. Das Gebäude ist von der Straße zurückgesetzt und bildet mit dem Pförtnerhaus und den angrenzenden Mauern einen kleinen, nach Süden gerichteten Gartenhof. Ursprünglich hatte der Bau drei Geschosse, das 5,70 m hohe Erdgeschoß, das 1. Obergeschoß mit vier Metern Raumhöhe und ein Dachgeschoß, das im Krieg zerstört wurde.
Die Tragkonstruktion besteht allseitig aus bis zu ein Meter starken Ziegelaußenwänden, im Inneren nehmen sechs Gußeisenstützen die Stahlträger auf, auf denen die gemauerten Kappendecken liegen.
Zusammen mit dem Amt für Denkmalschutz konnte der von der Stadtplanung vorgesehene Abriß verhindert werden – die ehemalige Hutfabrik wurde als Denkmal anerkannt.

DIE PLANUNG

Das Entwurfsziel war, die Substanz der Fabrik weitgehend zu erhalten und zu verwerten. Die neuen Elemente sollten in Ausdruck und Textur sehr zurückhaltend eingebaut werden und die einfache Industrieästhetik aufnehmen. Der Wechsel zwischen Alt und Neu sollte deutlich erkennbar bleiben. Im Inneren wurden daher Träger und Gußstützen von Einbauten freigehalten, die zum Teil buckligen Wände wurden belassen.
In der Fassade wird der Übergang von Alt und Neu durch den Wechsel von Ziegelmauerwerk zur neuen Putzfassade deutlich gemacht.

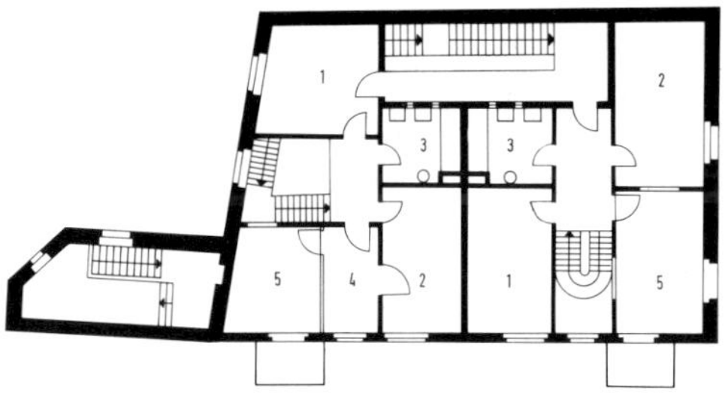

3. OG
1 Kind
2 Eltern
3 Bad
4 Wintergarten
5 Loggia

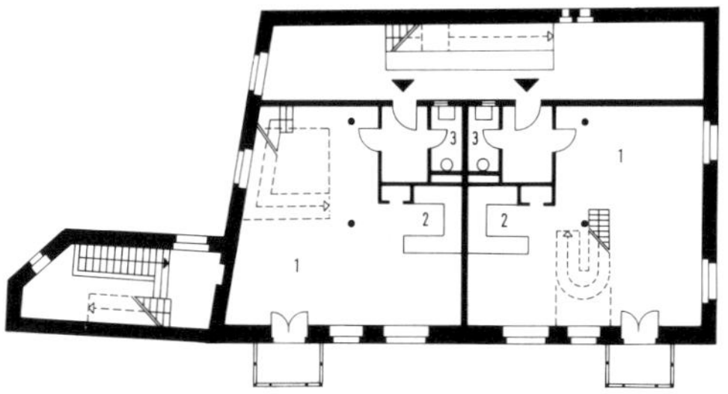

2. OG
1 Wohnraum
2 Küche
3 WC

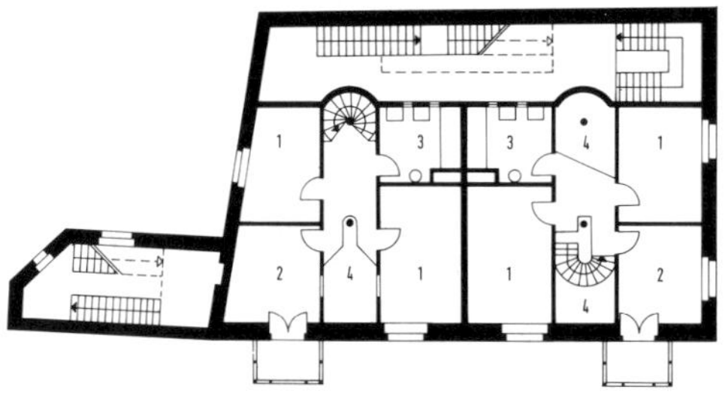

1. OG
1 Kind
2 Eltern
3 Bad
4 Luftraum

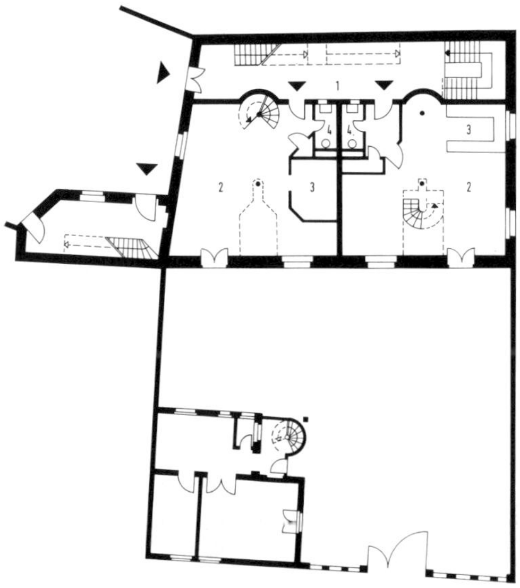

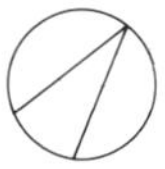

EG
1 Treppenhaus und Eingang
2 Wohnraum
3 Küche
4 WC
5 Turm/Galerie

M. 1:400

Die Wohnungen sind nach Süden ausgerichtet, an der Nordseite liegt das neue Treppenhaus. Die unteren Wohnungen nutzen den geschützten Gartenhof, die oberen erhielten Loggien, Wintergärten und Balkons.

DIE UMBAUMASSNAHMEN

In das Gebäude wurden unter Berücksichtigung der vorhandenen Tragstruktur vier Maisonette-Wohnungen von je 138 m² Wohnfläche eingebaut, die über das neue Treppenhaus erschlossen werden. In das hohe Erdgeschoß wurde eine Holzbalkendecke eingezogen, als neuen Abschluß erhielten die oberen Wohnungen ein flach geneigtes Dach, dessen Konstruktionsteile sichtbar belassen wurden.
Das alte Treppenhaus wird jetzt als »Turmgalerie« genutzt, und in das Pförtnerhaus wurde eine 100 m² große Wohnung eingebaut.

285 Der Gartenhof.
Der Material- und Farbwechsel markiert das neue dritte Obergeschoß und die neuen Bauteile der Innenhofbegrenzung. Die blauen Fenster erinnern an die alte Kölner Bauordnung, die erst nach dem Ersten Weltkrieg weiße Fenster zuließ.

◁ 283 Bestand vor dem Umbau

286 Der Innenhof mit neuem Treppenturm am Pförtnerhaus

◁ 284 Die alte Tragkonstruktion

287 Treppe in einer Maisonette-wohnung mit der sichtbaren alten Tragstruktur aus Gußstahlstützen und Kappendecken

288 Loggia hinter alter Fensteröffnung

289 Die Treppengalerie an der Nordseite

290 Treppe in der Maisonette-Wohnung

291 Durchblick zur Loggia

EHEMALIGE SCHOKOLADENFABRIK IN KÖLN

Architekten: dt8 Planungsgruppe
Köln

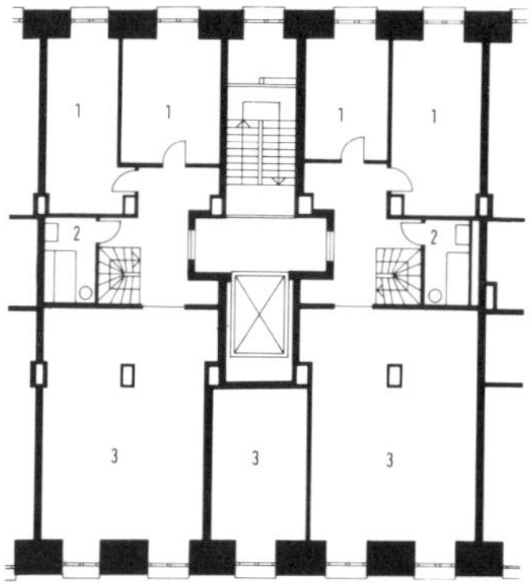

ZG
1 Kind
2 Bad
3 Luftraum

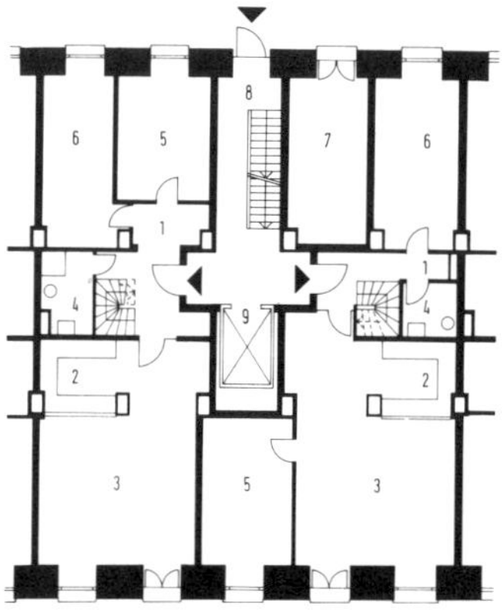

EG
1 Diele
2 Küche
3 Wohnen
4 Bad
5 Eltern
6 Kind
7 Fahrräder
8 Eingang
9 Aufzug

M. 1:400

DER BESTAND

1870 begann die Schokoladenfabrik »Stollwerck« in der Kölner Südstadt mit der Produktion. Im Laufe des Jahrhunderts wuchs die Fabrik ständig; Anbauten, Umbauten und neue Gebäude führten in unmittelbarer Nachbarschaft von Wohnhäusern zu einer außerordentlich hohen Bebauungsdichte. Aufgrund der begrenzten Ausdehnungsmöglichkeiten entschied sich die Firma »Stollwerck« Mitte der 70er Jahre, die Fabrikation auszulagern. Nach dem Auszug standen die Fabrikgebäude zunächst jahrelang leer. 1978 wurde das gesamte Gelände von der Stadt Köln erworben, die es als Sanierungsgebiet auswies. Große Teile der Anlage mußten Neuplanungen weichen und wurden abgerissen.
Der so genannte Annoriegel, der sich aufgrund seiner geringen Gebäudetiefe für eine Umnutzung in Wohnungen besonders eignete, wurde erhalten.

DIE PLANUNG

In den Annoriegel sollten etwa 100 Wohnungen mit den Mitteln und nach den Festsetzungen des sozialen Wohnungsbaus eingebaut werden.
Als Vorzüge der Umbauwohnungen im Fabrikgebäude gegenüber Neubauwohnungen wurden insbesondere der großzügige Raumzuschnitt und die große Raumhöhe erkannt, Qualitäten, die im Neubau aufgrund von Richtlinien und Finanzierung kaum zu erreichen sind.
Die interessantesten Wohnungen ergaben sich im Erdgeschoß des Fabrikgebäudes, wo die außerordentliche Geschoßhöhe den Einbau eines Zwischengeschosses erlaubte, so daß Maisonettewohnungen mit Galerien entstanden. Die Sanierung und Umnutzung sollte unter weitgehender Beibehaltung der alten Fassadenstruktur erfolgen, unterbrochen nur von vorgesetzten Balkonen für die neue Wohnnutzung.
So wurde ein Stück Industriearchitektur als Zeichen der Kölner Stadtgeschichte erhalten.

DIE UMBAU-MASSNAHMEN

Die Umbaumaßnahmen waren bei diesem Projekt und seiner Größenordnung erheblich. Sie reichten von Unterfangungen, Abfangungen, Durchbrüchen für neue Treppenhäuser, Einbau von Ringbalken, Konstruktionen zur Bauwerksaussteifung und Fassadenreparatur nach Originalvorlagen bis hin zu den mehr konventionellen Ausbauarbeiten der Wohnungen, Einbau von Wänden, Zwischendecken und technischem Ausbau. Besondere Maßnahmen galten dem Schall- und Wärmeschutz der Trenn- und Außenwände.

292 Die große Fabrikanlage vor den Umbaumaßnahmen

293 Blick von der Galerie durch die großen alten Industriefenster auf die Wohnstraße

294 Die leichten, an der Fassade angehängten Balkone

295 Die wichtigen Elemente der alten Fassadenstruktur bleiben erkennbar. Für die neue Wohnnutzung wurden teilweise Balkone vorgehängt oder Loggien hinter der Fassade eingerichtet.

296 Eine beispielhafte Wohnung mit Galerie und erhöht eingebauter Küche

297 Wendeltreppe zur Galerie

WOHNEN IN TÜRMEN

DOPPELWASSERTURM IN DUISBURG-RHEINHAUSEN

Architekt: Harald Jochums
Duisburg

DER BESTAND

Der Doppelwasserturm, ein seltenes Exemplar unter den Türmen, wurde 1916 in der Eisenbahnsiedlung Duisburg-Rheinhausen im Auftrag der Reichsbahn für die Versorgung der Dampflokomotiven gebaut. Die Form des Wasserturmes entstand aus der Forderung, die Dampflokomotiven auch bei Wartungsarbeiten eines Tankteiles weiter versorgen zu können. Beide Türme wurden durch ein gemeinsames Treppenhaus erschlossen.

Das äußere Erscheinungsbild des Turmes, bestimmt durch das weit heruntergezogene Dach, sollte Rücksicht auf die Wohnsiedlung nehmen. Mit dem Ende der Dampflokomotiven wurde in den 60er Jahren auch der Betrieb dieses seltsam anmutenden Turmes eingestellt. Danach begann der Turm allmählich zu verfallen. Ein Abrißantrag der Bundesbahn wurde 1978 auf Betreiben des Landeskonservators abgelehnt und der Turm zum symbolischen Kaufpreis von 1,– DM an den Architekten verkauft, mit der Auflage, den Turm in Absprache mit der Denkmalpflegebehörde zu renovieren und zu nutzen.

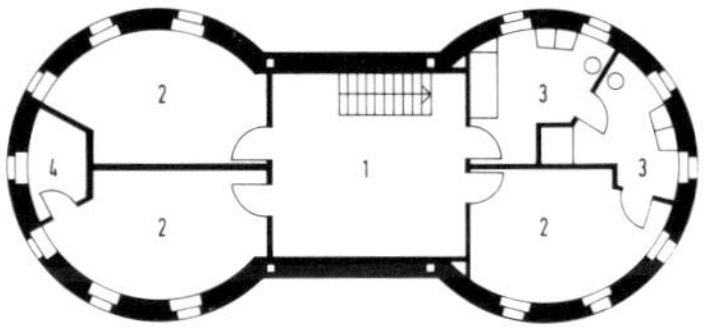

4. OG
1 Diele
2 Schlafen
3 Bad
4 Schrankzimmer

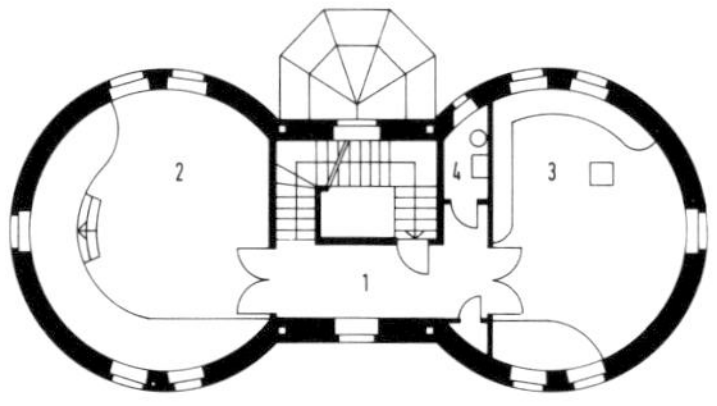

3. OG
1 Diele
2 Wohnen
3 Küche
4 WC

M. 1:400

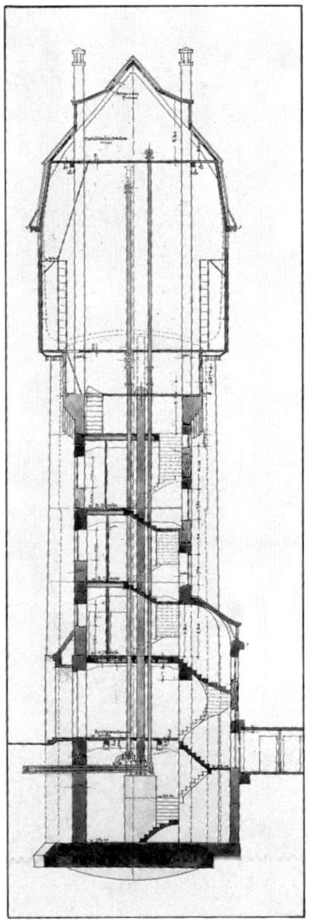

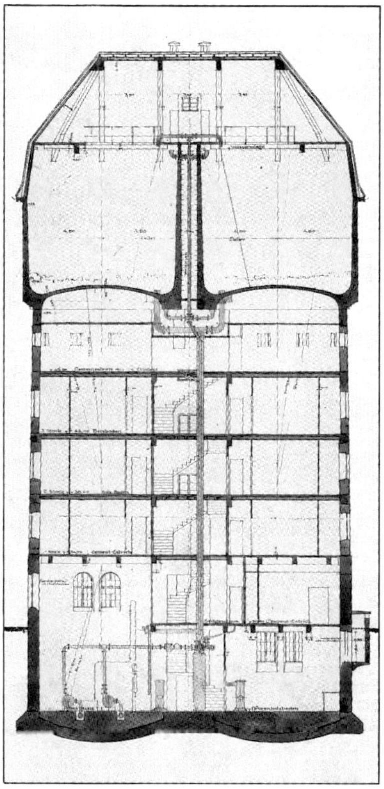

298/299 Das Innenleben des Turmes mit den beiden voneinander unabhängigen Wassertanks

Nach Abschluß der umfangreichen, ein Jahr dauernden Arbeiten waren die Anwohner zufrieden, weil ihnen das bekannte, weithin sichtbare Wahrzeichen einer vergangenen Zeit durch private Initiative erhalten worden ist.

DIE PLANUNG

Neben der Umnutzung des Unter- und Erdgeschosses – hier wurden eine Kneipe und die Büroräume des Architekten untergebracht – wurden das 3. und 4. Turmgeschoß zu einer großen Vierzimmerwohnung zusammengefaßt und umgebaut.

DIE UMBAU-MASSNAHMEN

Aus den beiden Geschossen wurde eine zweigeschossige Wohnung, wobei die Treppenhausfläche jeweils als Verbindung zwischen den Wohn- und Schlafräumen in den Türmen dient. Darüber hinaus wurde das weithin sichtbare Dach neu eingedeckt, die Fassade ausgebessert und die notwendige Haustechnik eingebaut. Die Eigenleistungen umfaßten die Planung, die Abrißarbeiten und den Materialtransport.

300 Der Zwillingsturm aus der Zeit der Dampflokomotiven – mitten in der Wohnsiedlung

301 Der zum Wohnturm umgenutzte Wasserspeicher mit seinem der Siedlung angepaßten Mansarddach

302 Der Wohnbereich der über zwei Geschosse gehenden Wohnung

303 Der Eßplatz auf der unteren Ebene

ALTER AUSSICHTSTURM

Architekten: Hermann & Valentiny Architectes
Wien und Remerschen (L)

DER BESTAND

Der Markusturm aus dem 19. Jahrhundert ist Überbleibsel einer nahegelegenen Schloßanlage an der deutsch-französischen Grenze.
Das dreigeschossige, mächtige Bauwerk war früher offener Aussichtsturm. Er liegt inmitten von Weinbergen oberhalb des Moseltales. Kaum noch benutzt, war er dem Verfall und dem Vandalismus preisgegeben.

BAULICHE MASSNAHMEN

Hauptaufgabe war zuerst die Rettung und Restaurierung der alten Bausubstanz. Der ehemals offene Turm erhielt neue Fenster, deren Proportionen aus den Außenmaßen des Turmes abgeleitet wurden. Die Sprossenteilung der Fenster bietet als feines Netzwerk einen kleinteiligen Vordergrund vor der weiten, unbegrenzten Aussicht ins Moseltal.
Heute ist der Turm ein Refugium für die Architekten, die ihn vor dem Verfall gerettet haben. Er ist ein Platz, um Ruhe zu finden, ist Ort für Inspirationen.

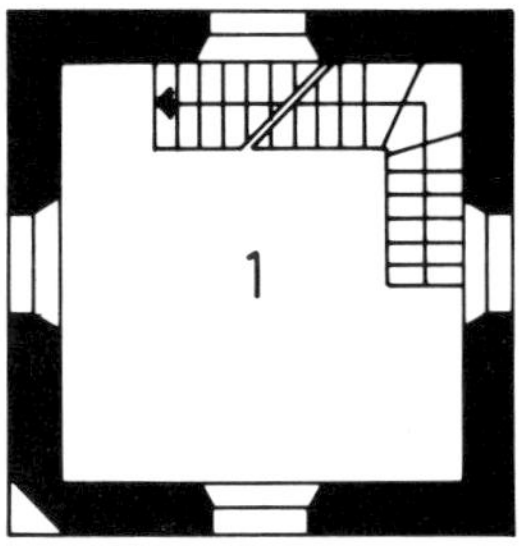

1. OG
1 Studio

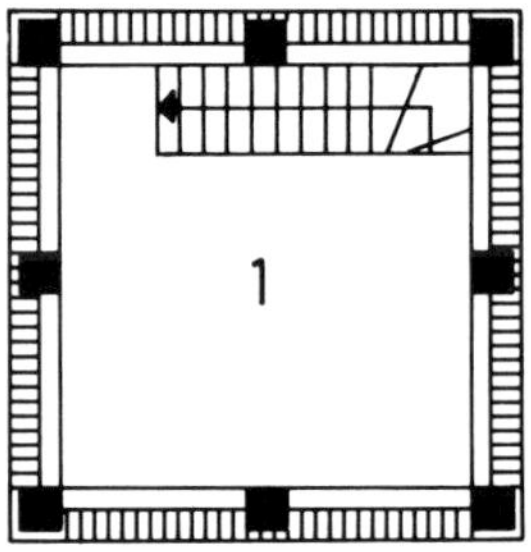

2. OG
1 Atelier

M. 1:300

308 Blick auf das Moseltal aus dem sparsam möblierten oberen Geschoß ▷

304 Der Markusturm – heute Refugium inmitten der Weinberge

305, 306, 307 Entwurfsstudien

309 Treppe ins Obergeschoß ▷

WASSERTURM IN HAMBURG

Architekten: Siegfried Geisler, Ettlingen,
Schindel + Kahle, Hamburg

DER BESTAND

Der 1910 in Hamburg-Lokstedt gebaute Wasserturm ist ein Wahrzeichen für den Stadtteil. Er besteht aus einem sich verjüngenden Mauerwerksschaft, auf dem der stählerne Wasserbehälter ruht, darüber bildet die Dachkonstruktion aus Stahl den weithin sichtbaren Turmabschluß. Die Gesamthöhe des mit Kupferplatten verkleideten Turmes beträgt 54 Meter. Trotz seiner 79 Jahre befand sich der Turm noch in gutem baulichen Zustand – ein Glücksfall für den Bauherrn. Als Zeugnis der industriellen Entwicklung steht der Turm heute unter Denkmalschutz. Mit dem Kauf war aus diesem Grunde auch die Auflage verbunden, den Turm »nur« als Einfamilienhaus im Tankbereich und mit einer Einliegerwohnung im Sockelgeschoß nutzen zu dürfen. Gefordert wurde von der Feuerwehr ein Rettungsumgang um den Turmkopf, gesondert genehmigt wurde von der Baubehörde der Einbau eines Aufzuges. Darüber hinaus mußte die ursprüngliche Erscheinungsform des Turmes erhalten werden und die in der Zwischenzeit eingebauten Fenster dem Charakter des Turmes und der ursprünglichen Planung wieder angepaßt werden.

DIE PLANUNG

Die Räume des »Einfamilienhauses« sind auf vier Ebenen verteilt, im Stahltopf des ehemaligen Wasserbehälters befinden sich ein Schlafgeschoß und ein Geschoß für technische Räume, wie Heizung, Abstellräume und Hausarbeitsraum, darüber folgen, verbunden durch Treppe und Aufzug, im Dach des Turmes die Wohnebene und ein Emporengeschoß. Die Grundrisse dieser luftigen Behausung folgen der Kreissymmetrie und den 32 Konstruktionsachsen, wobei der notwendige, rechtwinklige Aufzug einen besonders starken Eingriff in die Kreisform darstellte.
Die Probleme bei der Planung ergaben sich aus dem Widerspruch »Einfamilienhaus in Hochhaushöhe« für den Brandschutz, aus dem »Stahltopf« für den Schall- und Wärmeschutz der Wohnung.
Zusätzliche statische Probleme ergaben sich aus dem exzentrisch liegenden Fahrstuhlschacht, der die Lasten der Wendeltreppe, die Ummauerung des inneren Kerns des Wasserbehälters und die dort aufliegenden, neuen Decken aufnehmen und abtragen mußte.

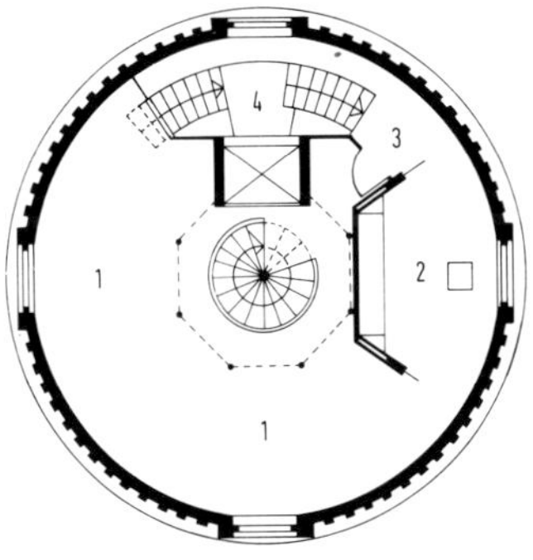

Obere Turmebene
1 Wohnen
2 Küche
3 Vorraum
4 Podest

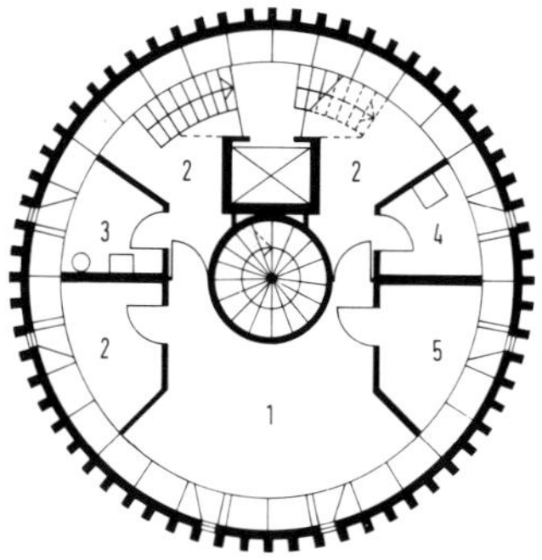

Mittlere Turmebene
1 Hobbyraum
2 Vorraum
3 WC
4 Waschen
5 Heizungsraum

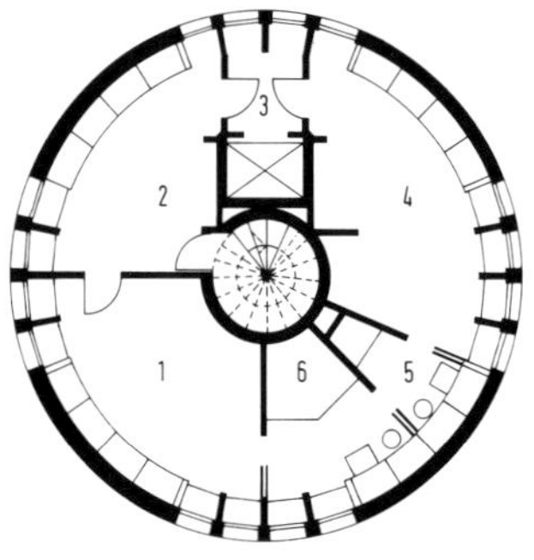

Untere Turmebene
1 Eltern
2 Ankleide
3 Vorraum
4 Kind
5 Dusche
6 Bad

M. 1:300

DIE UMBAU-MASSNAHMEN

Die in dieser Höhe unter schwierigen Umständen durchgeführten Baumaßnahmen – alle Lasten mußten über den Aufzug transportiert werden – umfaßten im wesentlichen den Einbau von Fahrstuhl und Geschoßdecken, Zwischenwänden und haustechnischen Anlagen, Wiederherstellung der ursprünglichen Fensterteilung und den Einbau der leichten Stahlkonstruktion für das Emporengeschoß. Die Kreisform der Grundrisse, die nach den vier Himmelsrichtungen ausgerichteten Fenster und die Symmetrie der gesamten Turmanlage verlangten eine Fortführung dieses ursprünglichen Konzeptes. Die einzelnen Räume wurden diesem Prinzip untergeordnet, und trotz dieser Bindungen entstanden klare, offene Grundrisse – in schwindelerregender Höhe.

310 Der Wasserturm heute: als Wohnhaus genutzt, aber weiterhin markantes Architekturdenkmal

311 Fensterdetail am Eßplatz

312 Der restaurierte Eingang zum Wasserturm

313 Der Treppenaufgang aus Industrieblechen führt zu den »Technikräumen«

314 Der Eßplatz unter der neuen Galerie. Die Wandverkleidungen zeigen die Struktur des alten Wassertanks.

315 Die neuen Fenster in der Küche mit den Entlüftungsstutzen

316 Das Bad: der Fugenverlauf zeigt die sorgfältige Werkplanung

317 Das Wohngeschoß mit der alten Revisionstreppe im ehemaligen Wasserbehälter

KIRCHE, KLOSTER, KREMATORIUM...

KREMATORIUM IN HAMBURG

Architekten: Schindel + Kahle
Hamburg

DER BESTAND

Dieses Hamburger Krematorium steht als Zeugnis der Wiedereinführung der Feuerbestattung in Deutschland am Ende des 19. Jahrhunderts. Als 1. Preis eines Architektenwettbewerbs wurde es 1890 von dem Architekten E. P. Dorn erbaut. Die Architektur des Gebäudes zeigt deutlich den gestalterischen Konflikt zwischen der feierlichen Repräsentation des Historismus und einer, wie es damals hieß, besonders fortschrittlichen technischen Ablauforganisation, die im Verborgenen der Kellergewölbe untergebracht war. Dementsprechend wurde auch der Schornstein als einziges sichtbares Element dieser Maschinerie verbrämt und verziert.
1933 wurde es dann an anderer Stelle durch ein neues, größeres, von Fritz Schumacher erbautes Krematorium ersetzt. 1949 fanden nochmals Bestattungen statt, 1954 wurde es dann endgültig stillgelegt, der Urnenfriedhof wurde aufgehoben, und 1962 wurde der Bau zum Abriß freigegeben.
In den 70er Jahren begann die Diskussion über die Erhaltung – es wurde ein Verein zur »Rettung des alten Krematoriums« gegründet, und 1981 wurde der Bau unter Denkmalschutz gestellt.
Die Architekten erstellten 1984 ein Gutachten zur Restaurierung der alten Bausubstanz, die dann 1985 begonnen wurde. Erst 1989 fand sich nach vielen Versuchen, das Gebäude einer anderen Nutzung zuzuführen, ein Käufer, der sich trotz Geschichte und Vornutzung des Gebäudes vorstellen konnte, hier zu arbeiten und zu wohnen.

DIE PLANUNG

Die Pläne zeigen den derzeitigen Stand der Planung für den neuen Eigentümer: unter weitgehender Beibehaltung der alten Grundrißstruktur – im Zentrum die alte, von Nebenräumen umgebene große Halle – sollen in dem außen schon restaurierten Bau Wohn-, Atelier- und Ausstellungsbereiche untergebracht werden. Die zentrale Halle soll bei bestimmten Anlässen, wie Ausstellungen und Präsentationen auch weiterhin der Öffentlichkeit zugänglich bleiben: eine Form der Nutzung, die sich auch bei anderen inzwischen privat genutzten Gebäuden bewährt hat.

DIE BISHERIGEN BAUMASSNAHMEN

Im Vordergrund standen ab 1984 zunächst die Bestandssicherung und Restaurierung des Gebäudes, das sich in den vielen Jahren der Stillegung bereits dem Verfall genähert hatte. Von der Dachkonstruktion bis hin zur Erneuerung der alten bleiverglasten Fenster sind die Arbeiten bereits abgeschlossen. Im Inneren werden die Bauarbeiten demnächst fortgesetzt, und, wie die Pläne zeigen, der Ausbau wird nur geringfügige Änderungen an der historischen Bausubstanz erforderlich machen.

318 Die Aufforderung am Wehrturm-Schornstein »Save me« ist erfüllt. Der eigens zu diesem Zweck gegründete Verein »Rettet das alte Krematorium« hat erst einmal sein Ziel erreicht: Der Bau wurde nicht abgerissen, sondern restauriert und wartet jetzt auf seine neue Nutzung.

319 Der trostlose bauliche Zustand der zentralen Halle vor Beginn der Restaurierung im Winter 1985

320 Der Schnitt der Planungsstudie zeigt gut die Raumfolgen und die interessante Höhensituation in den einzelnen Geschossen. ▷

321 Der Grundriß der erhöht liegenden Erdgeschoßebene, die für die Wohnnutzung vorgesehen ist – früher war es die Aussegnungshalle. ▷

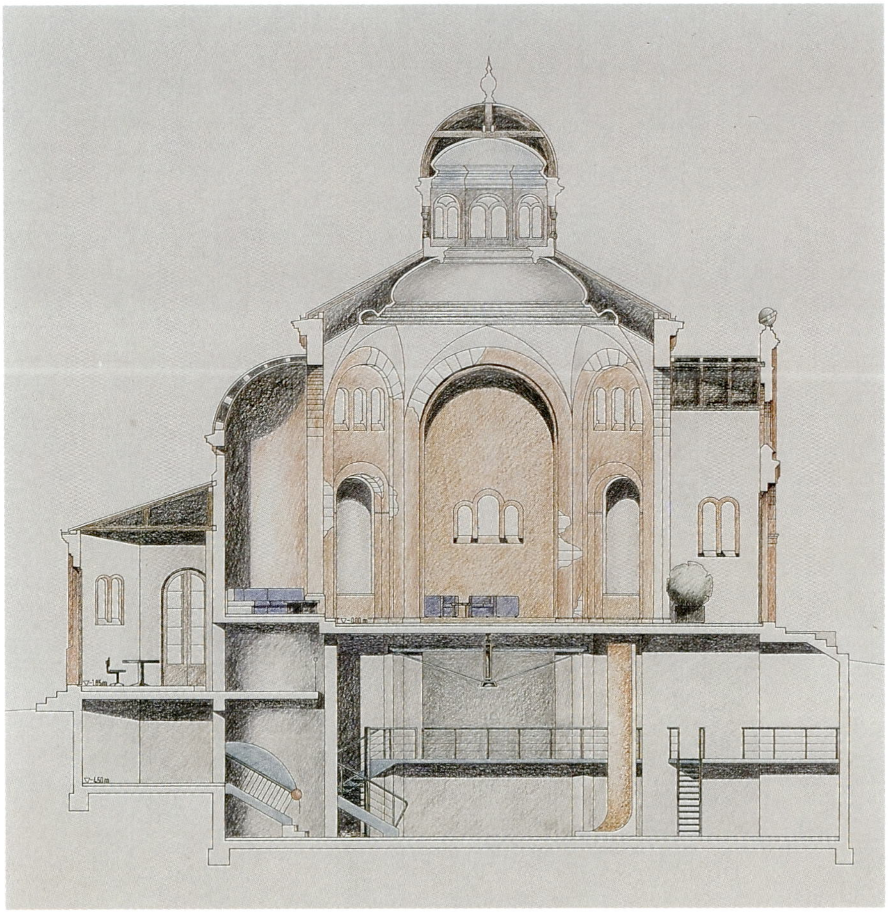

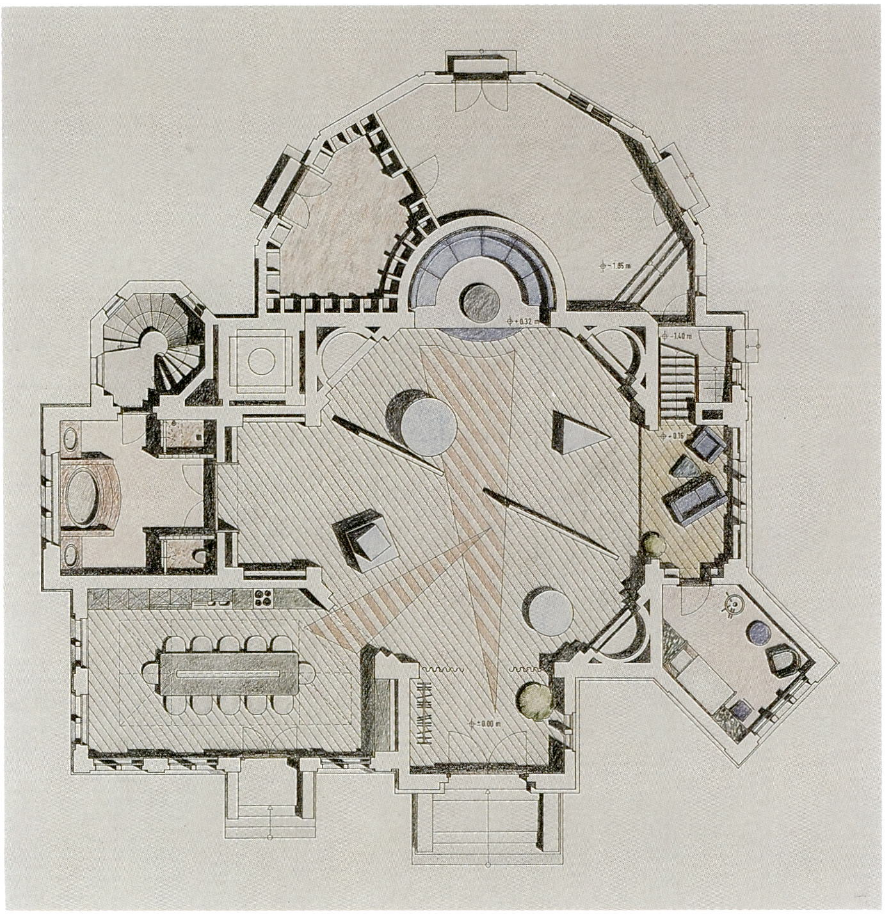

ZWEIKLASSENSCHULHAUS BEI KARLSRUHE

Architekt: Karl Bauer
Karlsruhe

DER BESTAND

Das alte Zweiklassenschulhaus mit Lehrerwohnung im Obergeschoß wurde 1849 erbaut und bis in die 20er Jahre als Schule genutzt. Danach wurden mit sehr bescheidenen Mitteln sechs Einfachstwohnungen eingebaut, die zum Teil noch bis 1981 bewohnt waren. Dann stand das Gebäude leer.

DIE PLANUNG

Die Planungsaufgabe hieß, aus dem erworbenen Schulhaus und angebauter Scheune ein Wohnhaus für ein Künstlerehepaar zu machen, mit zwei getrennten Ateliers, in denen auch große Bildformate bearbeitet werden können. Dabei sollte das konstruktive System des Hauses nicht verändert und die Großräumigkeit der alten Schule wiederhergestellt werden.

DG
1 Schlafen
2 Atelier
3 Flur
4 Bad
5 WC

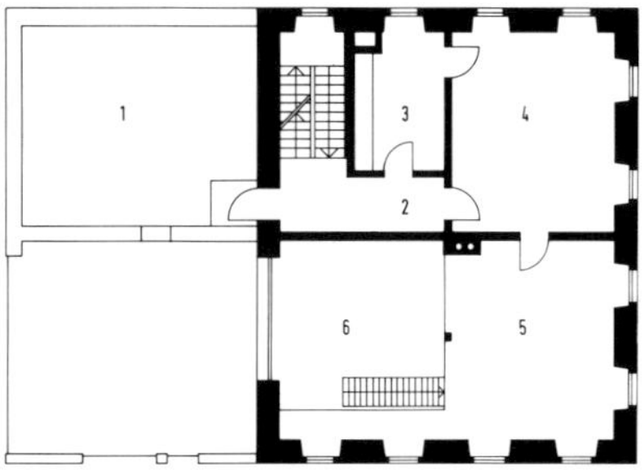

OG
1 Terrasse
2 Flur
3 Küche
4 Wohnen
5 Galerie
6 Luftraum Atelier

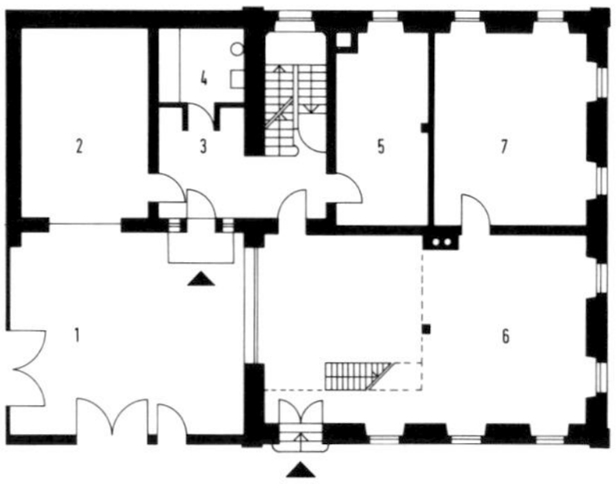

EG
1 Gartenhof
2 Garage
3 Diele
4 Bad
5 Gast
6 Atelier
7 Bilderlager

M. 1:400

DIE UMBAUMASSNAHMEN

Das von den Bauherren gewünschte Raumprogramm konnte in dem einfach und klar gegliederten alten Schulhausgrundriß untergebracht werden. Die zwischenzeitlich vorgenommenen Einbauten wurden abgerissen, ebenso die Holzbalkendecke über dem Atelier im Erdgeschoß, um eine großzügige Raumhöhe zu erhalten. Die eigentlichen Wohnräume liegen im 1. Obergeschoß – auch als Trennung zum oberen Atelier – die Schlafräume im Dachgeschoß.
Im Dachstuhl waren umfangreiche Reparaturen nötig, die gesamte Haustechnik ist erneuert worden.
Das Dach der ehemaligen Scheune wurde abgenommen, und es entstand im Obergeschoß der Scheune eine geschoßhoch ummauerte, geschützte Dachterrasse.

322 Das alte Schulhaus mit angebauter Scheune

323 Das große Erdgeschoßatelier – früher Klassenzimmer

324 Die Eingangssituation mit der neuen Dachterasse auf dem alten Scheunenboden

325 Schule und Vorplatz nach dem Umbau

326 Der Atelierraum im Dachgeschoß

327 Der Blick gegen das Atelierfenster und die Treppe zur Galerie

328 Das Atelier, hier möbliert

329 Der Eßraum im Obergeschoß

330 Das Bad im Dachgeschoß

EHEMALIGE DORFKIRCHE IN FRANKEN

Planung: E. O. K. Simon, Freier Bildhauer

BESTAND – UMBAUTEN – UMNUTZUNG

Die Dorfkirche in Franken wurde 1164 als Kapelle erbaut, Ende des 16. Jahrhunderts unter dem Fürstbischof Julius Echter von Mespelbrunn umgebaut – aus dieser Zeit stammt der erhaltene Turm –, und 1794 wurde das Langschiff auf den damaligen Bedarf von 160 Plätzen erweitert. In der Zeit um 1890 wurden von der Gemeinde noch einmal Erweiterungswünsche angemeldet, dann noch einmal um 1914: beide Male wurde der Wunsch abgelehnt mit der Begründung, es handele sich um ein Baudenkmal aus der Echterzeit. In der Folgezeit wandelte sich dann die Anschauung über den Denkmalschutz, in den zwanziger Jahren wurde dann noch ein Querschiff genehmigt, aber nicht ausgeführt. Anfang der siebziger Jahre – die Kirche lag an der Peripherie des Ortes – wurde eine neue Kirche gebaut, die alte Dorfkirche wurde aufgegeben und ging in privaten Besitz über.

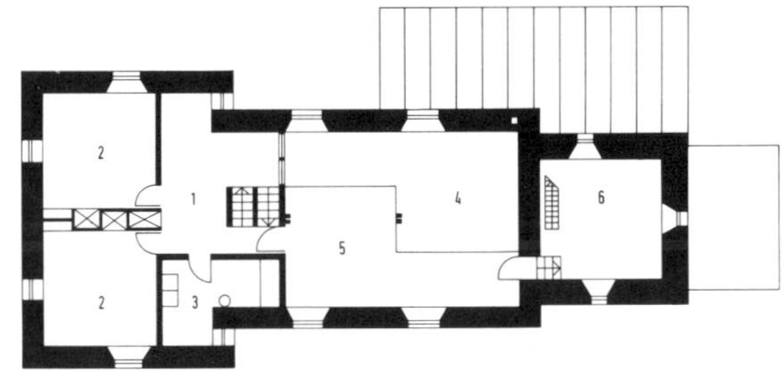

1. OG
1 Flur
2 Gast
3 Bad
4 Luftraum Atelier
5 Empore
6 Bibliothek

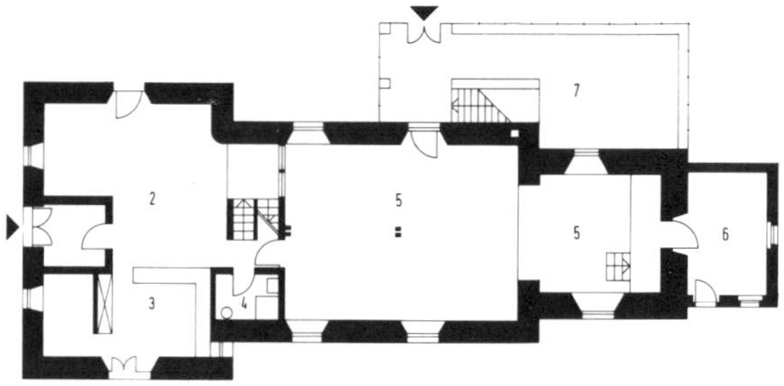

EG
1 Diele
2 Wohnen/Essen
3 Küche
4 Duschbad
5 Atelier
6 Werkraum
7 Glashaus

M. 1:400

Der neue Eigentümer, ein Bildhauer, hat in enger Zusammenarbeit mit dem Amt für Denkmalschutz das Äußere der Kirche gründlich renoviert und im Kirchenschiff und im Turm auf zwei Ebenen ein großes Atelier und seine privaten Wohnräume eingerichtet.
Den Turm krönt heute nicht mehr das Kreuz, aber das Baudenkmal aus der Echterzeit konnte erhalten werden. Auch wenn es einige weitere Beispiele von Kirchenumnutzungen in der Bundesrepublik gibt, sind Kirchenumnutzungen hier im Gegensatz zu England, wo in den letzten zwanzig Jahren an die 1000 Kirchen umgenutzt wurden, eher die Ausnahme.

331 Die alte Dorfkirche um 1930

332 Blick in das Kirchenschiff – heute Atelier mit eingezogener Galerie

333 Das Atelier mit Durchblick zu den Wohnräumen

KLOSTERANLAGE BEI MÜNSTER

Architekt: Dirk Medenwaldt und Rainer Martin
Münster

DER BESTAND

Das große Hauptgebäude wurde 1883 als Ausflugslokal auf dem Hochufer der Werse erbaut, in idyllischer Landschaft weit vor den Toren Münsters. Die Ausflügler erreichten die Lustbarkeit »Hubertusburg« mit dem Schiff. Da der Bau vom Wasser her angefahren wurde, war hier auch die Schauseite: ein stattlicher, palaisartiger Bau mit Säulenhalle, einer großen Terrasse mit Balustrade und einem Flachdach, das mit einer korrespondierenden Ballustrade eingefaßt war. Die flußabgewandte Seite war als Rückseite sehr einfach und schematisch aufgebaut.
Schon 1903 wurde das Ausflugslokal wegen nachlassender Nachfrage umgenutzt zu einer Luftkuranstalt. 1924 wurde es dann von einem Orden übernommen und zu einer Klosteranlage umgebaut. Das Gebäude wurde nach oben durch ein Mansarddach erweitert und damit in seinem Charakter vollkommen verändert. 1961–64 wurde die große Kapelle errichtet, der Hauptbau sollte abgerissen werden und einer ganz neuen Klosteranlage Platz machen. Es kam nicht zur Ausführung dieses Planes, vielmehr wurde das Kloster wegen Mangel an Nachwuchs verkauft – und stand erst einmal leer.
Es gab viele Kaufinteressenten, auch öffentliche, aber letztlich hatten nur zwei private Bauherren den Mut, die 12 ha große Anlage zu kaufen, sie zu Wohnungen umzunutzen und so mit neuem Leben zu erfüllen.

DIE PLANUNG

Zu Beginn der Planung wurde der Hauptbau unter vorläufigen Denkmalschutz gestellt. Auflage war, die zum Fluß gelegene Fassade mit dem großen Wintergarten sorgfältig zu restaurieren, während die Eingangsseite durch neue Elemente verändert werden durfte.
Die neue Nutzung für 20 Wohnungen erforderte eine vollständige Grundrißveränderung im Inneren. Die Wohnungen wurden jeweils über die ganze Gebäudetiefe angelegt, nach Norden mit dem herrlichen Blick auf den kleinen Fluß, und zur Sonnenseite nach Süden mit Ausrichtung auf den Park. Die Fassade wird durch die vorgehängten Balkone neu gegliedert, das schwere Traufgesims wird durch die zusätzlichen Fenster unterbrochen.
Die größte Veränderung brachte die Umnutzung der großen Kapelle: sie durfte – nach langwierigen Verhandlungen – ebenfalls zu Wohnungen umgeplant werden, und nimmt darüber hinaus jetzt, im unteren Teil als Garage ausgebaut, die Autos auf.

DIE BAUMASSNAHMEN

Das große Hauptgebäude wurde vollständig entkernt, mit einer neuen Grundrißorganisation für zwanzig Wohnungen umgebaut, im Fassadenbereich durch die leichte Stahlkonstruktion neu gegliedert und zur Wasserseite mit den wesentlichen Fassadenmerkmalen – wie dem Wintergarten – rekonstruiert und saniert.
Die erst 1964 fertig gestellte Kapelle wurde bis auf eine Höhe von drei Metern über Gelände abgetragen und dient jetzt im unteren Bereich als Tiefgarage. Darüber entstanden zwei weitere Wohnungen im jetzigen Dachgeschoß, das in Anlehnung an das Hauptgebäude ein Mansarddach erhielt. Die ehemals klotzige Kapelle ordnet sich jetzt wieder als Nebengebäude dem Haupthaus unter.
Nach Abschluß der Bauarbeiten wurde das Haupthaus endgültig unter Denkmalschutz gestellt.

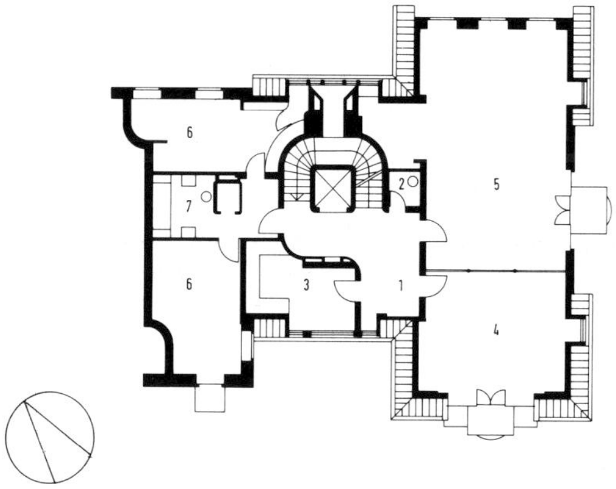

Mansardgeschoß
1 Diele
2 WC
3 Küche
4 Essen
5 Wohnen
6 Schlafen
7 Bad

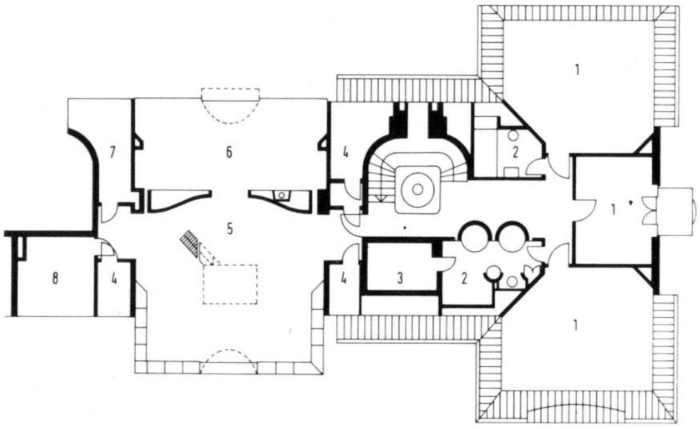

DG
1 Kinderzimmer
2 Bad
3 Sauna
4 Abstellraum
5 Turmzimmer
6 Kaminzimmer
7 Vorräte
8 Hauswirtschaftsraum

M. 1:400

336 Innenfoto einer Wohnung, die sich über zwei Ebenen und den Turm erstreckt. Durchblick vom Wohnraum zum Eßzimmer mit dem geschwungenen Raumteiler

◁ 334 Das Kloster mit der 1961–64 errichteten Kapelle

◁ 335 Das Klostergebäude vor dem Umbau

337 Die Gartenfassade nach der Restaurierung. Rechts die umgenutzte Kapelle: jetzt Tiefgarage und Wohnungen

338 Die neue Eingangsfassade mit den vorgehängten Balkonen und dem ausgebauten Dachgeschoß

339 Das Eßzimmer im Mansardgeschoß mit dem neuen raumhohen Rundfenster zum Garten

340 Treppe zur »hängenden Galerie« und dem Aufgang zum Turm

341 Die Barnische im Wohnraum

342 Durchblick zum Kaminzimmer

343 Die geschwungene Marmorwand der Dusche

ALTE SCHULE IM VOGELSBERG

Architekten: Bergmann und Boerdner
Hünstetten

DER BESTAND

Das Gebäude ist ein altes Einklassenschulhaus aus dem Jahre 1905. Es bildet zusammen mit der Kirche den Ortsmittelpunkt, liegt etwas erhöht und hat einen freien Blick über die umliegenden Dächer auf die Landschaft des Vogelsberges. Als der Schulbetrieb an dieser Stelle eingestellt wurde, übernahmen private Bauherren das Schulhaus, um es als Wohnhaus, Arbeitsstätte und Galerie zu nutzen.

DIE PLANUNG

Aufgabe der Architekten war, für die neuen Eigentümer die ehemalige Schulraumebene im Erdgeschoß mit der Lehrerwohnung im 1. Obergeschoß zu verbinden. Der untere Bereich sollte als Atelier, privater Arbeitsbereich und Eßraum dienen, das Obergeschoß sollte Wohnteil werden. Wo notwendig, sollte der alte Bestand erhalten und teils rekonstruiert werden, alle neuen Ein- und Umbauten sollten sich formal und in der Materialwahl bewußt absetzen.

Besonderes Gewicht wurde auf die Verbindung der Atelierebene mit dem Garten gelegt: ein wie aus dem Boden wachsender Wintergarten, mit verschiedenen, begehbaren Ebenen, die in einem Freisitz im Obergeschoß enden. Von hier aus, eingebunden in das Geäst der vor dem Haus stehenden großen Birke, hat man einen weiten Blick auf den Vogelsberg.

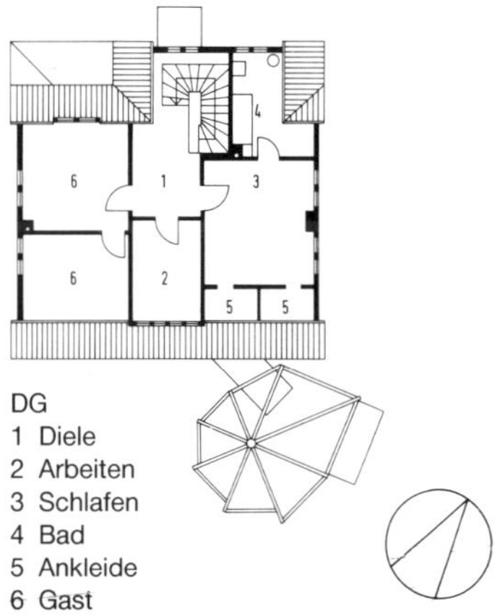

DG
1 Diele
2 Arbeiten
3 Schlafen
4 Bad
5 Ankleide
6 Gast

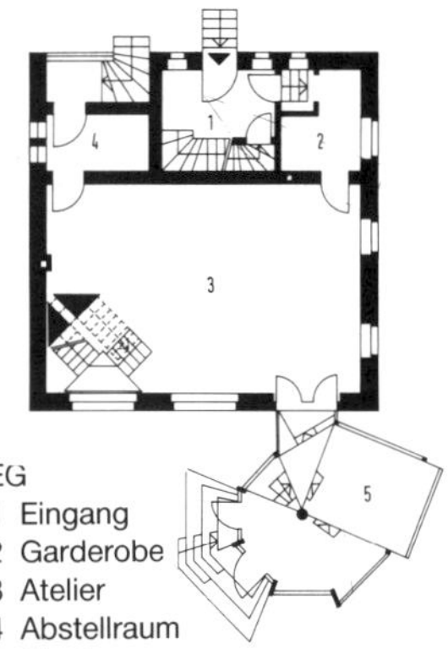

EG
1 Eingang
2 Garderobe
3 Atelier
4 Abstellraum
5 Glashaus

M. 1:400

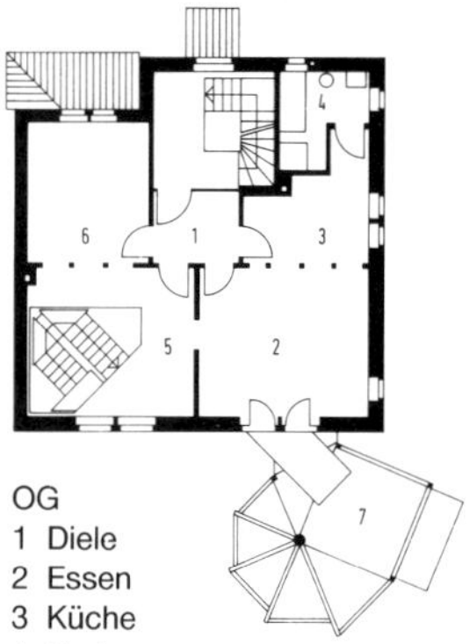

OG
1 Diele
2 Essen
3 Küche
4 Bad
5 Bibliothek
6 Arbeiten
7 Freisitz

344 Die Gartenseite der alten Schule

DIE UMBAUMASSNAHMEN

Die erste Bauphase bestand aus den Umbaumaßnahmen im Inneren des Gebäudes. Eine neue zweite Treppe schafft die Verbindung vom großräumigen Atelier zur Bibliothek, ist begehbare Plastik und nutzbarer Stauraum. Im Obergeschoß wurden die inneren Fachwerkausfachungen zugunsten einer großzügigeren Raumfolge entfernt und alle Räume den neuen Bedürfnissen entsprechend geändert und renoviert.

Besonderes Anliegen der Gestaltung war das Farb- und Lichtkonzept und die Material- und Oberflächenqualität der eingesetzten Bauelemente und ihre künstlerische Wirkung.

Die zweite Bauphase beinhaltete das »Sonnenhaus«, den Wintergarten, der in leichter und transparenter Konstruktion ein Gegengewicht zur Schwere des Schulgebäudes bilden sollte.

345 Der große Atelierraum zum Garten

346 Die Rückseite mit dem »Sonnenhaus«, das die neue Verbindung zum tiefer liegenden Garten schafft

347 Die Rückfassade der alten Schule mit dem neuen Sonnenhaus als »Ausguck« über die weite Landschaft.

348 Das Glashaus mit seinen fächerförmigen Wänden – Gegensatz zur Strenge der alten Schule

349 Blick in das Glashaus – Wechsel von Holz- und Stahlkonstruktion

350 Blick vom Atelier zum Glashaus – neues Fensterelement in altem Bogen

351 Neue Fensterteilung in altem Gewände

352 Verbindung Handlauf mit Pfosten. Die Fuge trennt die Funktionen.

353 Die Eßraumtür mit in zwei Stahlstützen aufgelöstem Mittelpfosten

354 Die in den alten Grundriß eingestellte Treppe zur Bibliothek

355 Der Fußpunkt des Stützenpaares, vgl. Abb. 353

LUFTSCHUTZBUNKER IN MARL

Architekten: Patschan und Winking
Hamburg

DER BESTAND

Wie in so vielen deutschen Städten ist dieser Luftschutzbunker eines der zahlreichen Wahrzeichen einer der dunkelsten Abschnitte deutscher Geschichte. Er steht im Schnittpunkt zweier Wohnstraßen in Marl. Für die Bewohner dieses Wohngebietes ist er immer ein störender Zeitzeuge gewesen, dunkel, fremd und belastend. Sein Abriß kam aus technischen Gründen nicht in Frage, die damit verbundenen Sprengungen hätten zu starke Erschütterungen in dem Wohngebiet verursacht. So suchte man nach anderen Möglichkeiten, sich dieses Ungetüms wenigstens optisch zu entledigen und damit sein Umfeld zu verbessern.

Als Umnutzungsmöglichkeit des Areals kam deshalb nur eine Umbauung und ein Einbauen des Bunkers in Frage.

DIE PLANUNG

Die Gebäude des umliegenden Wohnviertels sind im wesentlichen zwei- und dreigeschossig. Die Bunkerhöhe entspricht ebenfalls einer dreigeschossigen Bebauung. Eine Überbauung des Bunkers, in statischer Hinsicht kein Problem, kam somit nicht in Frage. Die Alternative war die Umbauung, auf der Nord- und Ostseite mit einer offenen begrünbaren Gerüstkonstruktion, auf der Süd- und Ostseite mit Wohnungen. Im Schnittpunkt der beiden Straßen entsteht so eine eindeutige, belebte Platzsituation, der Bunker dient nur noch als Rückgrat für die gerüstartige Umbauung, mit der Wohnraum auf einem wertlos scheinenden Grundstück geschaffen und eine ständig lastende Erinnerung in den Hintergrund gedrängt wurde.

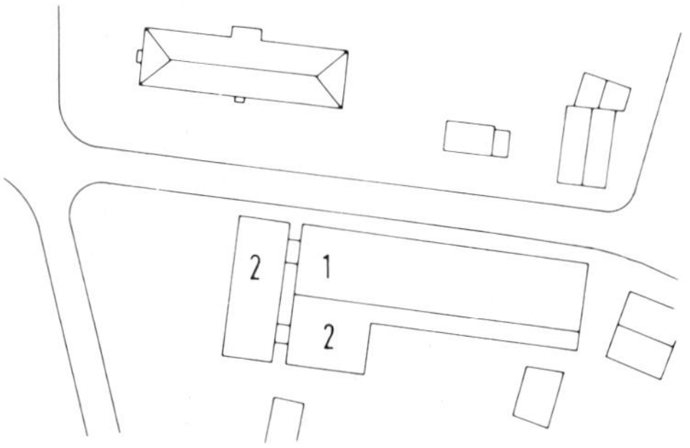

Lageplan
1 Bunker
2 Wohnen

M. 1:1000

EG
1 Bunker
2 Treppenhalle
3 Abstellräume
4 Zählerraum
5 Müll
6 Flur
7 Bad
8 Küche
9 Schlafen
10 Wohnen
11 Terrasse
12 Loggia

M. 1:400

DIE UMBAUMASSNAHME

In Analogie zu den Dachformen der umgebenden Bebauung wurde dem Bunker ein geneigtes, offen durchlüftetes Dach aufgesetzt, seine Nord- und Ostwand mit einem stählernen Rankgerüst überzogen, seine West- und Südwand mit vorgelagerten Wohnungen umrahmt. Diese sind durch einen gemauerten Sockel den Einblicken vom Platz her entzogen. Die Wohnumbauung besteht aus je fünf Wohneinheiten, unterteilt in Zwei- und Dreizimmerwohnungen. Zwischen Wohnungen und Bunker sorgt eine Treppenhalle für die innere Erschließung und für die wahrnehmbare Trennung von Gegenwart und Vergangenheit. Das Umnutzungsprojekt wird vom Land Nordrhein-Westfalen gefördert.

356 Die abweisende Nordfassade des Bunkers wird mit einem Rankgerüst aus Stahl umbaut. Eine üppige Bepflanzung wird schon in Kürze die abweisende Bunkerfassade beleben.

357 Da der Abriß des Bunkers nicht möglich war, blieb nur die Umbauung. Hier die neue Westseite mit der vorgestellten Wohnbebauung.

358 Detail des neuen Treppenhauses. Eine aufgelöste, kulissenartige Stahlbetonwand – Anspielung auch auf die geschlossene Betonwand des gegenüberliegenden Bunkers.

359 Die Westfassade mit den großzügigen Loggien vor allen Wohnungen

360 Die Stahltreppe zur Galerie mit angeschnittenen Holzstufen

361 Ausgang zur Loggia in einer der Eckwohnungen

362 Die Wohnungen des dritten Obergeschosses erhielten eine zusätzliche Galerie über den Nebenräumen und nutzen so die Raumhöhe unter dem Pultdach.

ANHANG

LITERATURHINWEISE

Rudolf Ahnert, Karl H. Krause
Typische Baukonstruktionen von 1860 bis 1960, Wiesbaden 1986

Altenstadt
Kostensenkung durch Umnutzung alter Bausubstanz, Ergebnisbericht, Leverkusen 1988

Anstett und andere
Alte Bauten neu genutzt, Stuttgart 1981

Bundesminister für Raumordnung, Bauwesen und Sätdtebau (Hrsg.)
Querschnittsbericht Altbaumodernisierung, Schriftenreihe 04 Bau- und Wohnforschung, Heft Nr. 04.102, Bonn 1984

Sherban Cantacuzino
Neue Nutzung alter Bauten, Stuttgart 1989

Dorff
Schadensfreie Altbaumodernisierung Wärmeschutz, Schallschutz, Feuchtigkeitsschutz
BDB-Bildungswerk, Bonn 1986

Flagge, Steckeweh
Planen und Bauen im Bestand, Kongreßbericht, Bonn 1989

Richard H. Kastner
Gebäudesanierung, München 1983

Gerhard Maniecki
Umbau alter Häuser, Köln 1983

Paulhans Peters
Umbau alter Bauernhäuser, München 1981

Otfried Rau, Ute Braune
Der Altbau, Leinfelden-Echterdingen 1985

Rudolf Schilling
Rückbau und Wiedergutmachung, Basel 1987

Wolfgang Scholz
Baustoffkenntnis, Düsseldorf 1988

Heinz Schmitz
Altbaumodernisierung – Konstruktions- und Kostenvergleiche, Köln 1984

Heinz Schmitz
Planen und Bauen im Bestand, Stuttgart 1989

Heinz Schmitz, Jörg Böhning, Edgar Krings
Altbaumodernisierung im Detail – Konstruktionsempfehlungen, Köln 1989

Heinz Schmitz, Hannes Hutzelmeyer
Bauteilkosten, Modernisierung und Instandsetzung, Essen 1985

Susanne Slesin, Stafford Cliff, Daniel Rozensztroch
Wohnen in Lofts, Wiesbaden 1988

Friedhelm Thomas
Wohnen in alten Häusern, Wuppertal 1985

ARCHITEKTENVERZEICHNIS

Architekten Cooperative
Dimo Haith, Marlies Heyl,
Gerd Vöhringer
Dipl.-Ing. Architekten
Libanonstraße 72a
7000 Stuttgart 1
S. 132/133

ASP Planungsgruppe
King, Söllner und Partner
Wilhelmstraße 105
7400 Tübingen
S. 134/135

Atelier 77
Anke Fuchs-Keck und
Dieter K. Keck
Dipl.-Ing. FH, Freie Architekten
Kochmühle
7505 Ettlingen
S. 42–45, 68/69

ATLANTIS Architekten- und
Planergemeinschaft
Krömmelbein, Franz und Partner
Auenweg 173
5000 Köln 80
S. 158–161

Karl Bauer
Freier Garten- und Landschafts-
architekt BDLA, Freier Architekt
Killisfeldstraße 42b
7500 Karlsruhe 41
S. 178–181

Behrend und Schubert
Dipl.-Ing. Architekten
Armgartstraße 2
2000 Hamburg 76
S. 88–91

Architektengruppe Bergmann und
Boerdner,
Dipl.-Ing. Architekten
Burgstraße 23
6274 Hünstetten 2
S. 188–191

Hubert Brinckemper
Dipl.-Ing., Freier Architekt
Königschaffhauser Straße 21
7833 Endingen
S. 136–139

Peter Busmann
Busmann und Haberer
Freie Architekten, BDA
Im Bauturm Köln
Aachener Straße 24
5000 Köln 1
S. 30/31

Alexander von Canal
Freier Architekt
Mainzer Straße 36
5400 Koblenz
S. 140–143

Chabbey und Voillat
Atelier d'Architecture
4, Rue du Leman
CH-1920 Martigny VS
S. 26–29

Dahlbender, Gatermann, Schossig
Architekten, BDA
Gottesweg 52
5000 Köln 51
S. 80–82

dt8 Planungsgruppe
Architekten, BDA
Kirchstraße 13
5000 Köln 50
S. 84–87, 162–164

Siegfried Geisler, Viglas Schindel
und Hans-Jürgen Kahle
S. Geisler, Zehntwiesenstraße 9
7505 Ettlingen
V. Schindel, H.-J. Kahle,
Eppendorfer Weg 52a
2000 Hamburg 20
S. 170–174

GEMOpv, Possehn, Voges
Architekturbüro GEMOpv
Possehn-Voges
Architekten
Am Born 6
2000 Hamburg 50
S. 50–53, 128–131

Dr. Ing. Godfrid Haberer
Busmann und Haberer
Freie Architekten, BDA
Im Bauturm Köln
Aachener Straße 24
5000 Köln 1
S. 60/61

Hennig und Partner
Dipl.-Ing. Architekten
Baumkamp 34
2000 Hamburg 60
S. 96–99

Hermann und Valentiny
Architectes
Hubert Hermann und Francy Valentiny
A-1235 Wien
R. Waisenhorngasse 47
L-5441 Remerschen
19, Rue des Près
S. 74–77, 168/169

Dieter Hunold
Dipl.-Ing. FH, Freier Architekt
Hans-Thoma-Weg 6
7863 Zell i. W.
S. 150/151

Harald Jochums
Dipl.-Ing. Architekt
Turmstraße 12
4100 Duisburg 14
S. 166/167

Jungjohann + Hoffmann + Krug
Dipl.-Ing. Architekten, BDA
Dänische Straße 24
2300 Kiel
S. 66/67, 70–72, 148/149

Michael Kleinert
Dipl.-Ing. Architekt
Vogelsbergstraße 33
6000 Frankfurt 1
S. 152/153

Klaus Mai
Dipl.-Ing. Architekt, BDA
An der Untertraue 17
2400 Lübeck
S. 154/155

Thiess Marwede
Dipl.-Ing. Architekt
Lindenstraße 32
5000 Köln 1
S. 156/157

Dirk Medenwaldt, Rainer Martin
Dipl.-Ing. Architekten
Zuhornstraße 15
4400 Münster
S. 108–111, 184–187

Patschan und Winking
Dipl.-Ing. Dieter Patschan
Prof. Dipl.-Ing. Bernhard Winking
Feldbrunnenstraße 52
2000 Hamburg 13
S. 192–194

Planungsgemeinschaft
Me di um und Architekten
Isabell Feest und Peter Dinse
Me di um Architekten und Partner
Falkenried 3
2000 Hamburg 20
Dinse und Feest, Dipl.-Ing. Architekten
Schenefelder Landstraße 151
2000 Hamburg 55
S. 122–127

Klaus Petersen
Dipl.-Ing. Architekt
Memminger Straße 45
7918 Illertissen
S. 32–35

Helmut Riemann
Dipl.-Ing. Architekt
Große Petersgrube 6
2400 Lübeck
S. 62–65, 104–107

Dino Ries
Dipl.-Ing. Architekt
Kösterbergstraße 56a
2000 Hamburg 55
S. 78/79

Schindel und Kahle
Dipl.-Ing.
Eppendorfer Weg 57a
2000 Hamburg 20
S. 176/177

Holger Schmidt
Dipl.-Ing. Architekt, BDA
Hochallee 114
2000 Hamburg 13
S. 100–103, 112–115

Prof. Paul Schneider-Esleben
Dipl.-Ing. Architekt, BDA
Tersteegenstraße 63
4000 Düsseldorf
S. 36–41

Prof. Erich Schneider-Wessling
Architekt, BDA
Im Bauturm Köln
Aachener Straße 24
5000 Köln 1
S. 144–147

E. O. K. Simon
Freier Bildhauer
8702 Erbshausen – Alte Kirche
S. 182/183

Prof. Karla Szyszkowitz-Kowalski
Michael Szyszkowitz
Dipl.-Ing. Architekten
Elisabethstraße 52
A-8010 Graz
S. 54–59

Heinz Tesar
Dipl.-Ing. Architekt
Esteplatz 6/7
A-1030 Wien 3
S. 116–120

Bruno Trinkler
Dipl.-Ing. Architekt
Hammerstraße 115
CH-4057 Basel
S. 92–95

Weida und Kovacs
Dipl.-Ing. Architekten
Victor-Scheffel-Straße 21
8000 München 40
S. 46–49

BILDNACHWEIS

Schutzumschlag
Klaus Frahm, Hamburg

Fig. 1	Progressive Architecture, Cleveland, OH, May 1989, S. 89
Fig. 2	Atlantis, Köln
Fig. 3–6	Autorenarchiv
Fig. 7	Holger Schmidt, Hamburg
Fig. 8	Süddeutsche Zeitung, Nr. 195, 27./28. 8. 89, S. 113
Fig. 9	Archiv Busmann und Haberer, Köln
Fig. 10	Autorenarchiv
Fig. 11	Klaus Frahm, Hamburg
Fig. 12	Autorenarchiv
Fig. 13	Klaus Frahm, Hamburg
Fig. 14	Thomas Riehle, Köln
Fig. 15, 16	Autorenarchiv
Fig. 17	Archiv Architekten Schindel und Kahle, Hamburg
Fig. 18	Archiv dt8, Köln
Fig. 19	Archiv Jungjohann, Hoffmann, Krug, Kiel
Fig. 20	Archiv Schneider-Esleben, Düsseldorf
Fig. 21	Archiv Brinckemper, Endingen
Fig. 22, 23	Autorenarchiv
Fig. 24	H. Windgassen, Soest
Fig. 25	Archiv Weida und Kovacs, München
Fig. 26	Archiv Hoor, Steinhorst
Fig. 27	Archiv Weida und Kovacs, München
Fig. 28	Atlantis, Köln
Fig. 29	H. Windgassen, Soest

Abbildungen

1–10	J. + I. Kurtz, CH-Uerikon
11–15	Schmölz-Huth, Köln
16–25	Klaus Petersen, Illertissen
26–36	Archiv Schneider-Esleben, Düsseldorf
37–49	Atelier 77, Ettlingen
50–63	H. Windgassen, Soest
64–71	Ulf Possehn, Hamburg
72–75	Archiv Szyszkowitz, Graz
76	Andreas Lichtblau, Graz
77–79	Georg Riha, Wien
80–84	Andreas Lichtblau, Graz
85	Büro Busmann-Haberer, Köln
86–88	Karl-Hugo Schmölz, Köln
89	Büro Riemann, Lübeck
90, 91	Gert von Bassewitz, Hamburg
92	Büro Riemann, Lübeck
93–95	Gert von Bassewitz, Hamburg
96–101	Krug, Kiel
102–107	Atelier 77, Ettlingen
108–114	Büro Jungjohann + Hoffmann + Krug, Kiel
115–123	Monique Heintz-Hermann, Wien
124–126	Uwe Widmann, Hamburg
127–132	Jens Willebrand, Neuss
133–136	Thomas Riehle, Köln
137–143	Klaus Schubert, Hamburg
144–149	Büro Bruno Trinkler, Basel
150–158	Hennig, Hamburg
159–165	R.-D. Best, Hamburg
166	Büro Riemann, Lübeck
167	Gert von Bassewitz, Hamburg
168–174	Büro Riemann, Lübeck
175–183	B. Manitzke-Franke, Münster
184–192	R.-D. Best, Hamburg
193–201	Franz Haberfellner, Linz
202	Archiv Feest und Dinse, Hamburg
203–210	Klaus Frahm, Hamburg
211–219	Bodo Margraf, Hamburg
220–225	Architekten Cooperative, Stuttgart
226–228	Architekten ASP, Köln
229–237	Rainer Blunck, Tübingen
238–248	Rolf Euteneuer, Koblenz
249	Helke Rodemeier, Köln
250–255	Erich Schneider-Wessling, Köln
256–261	Horst Krug + Dieter Riepen, Kiel
262–266	Renate Schneider, Zell i. W.
267–271	Michael Kleinert, Frankfurt
272–277	Klaus Mai, Lübeck
278–282	Büro Marwede, Köln
283–291	Büro ATLANTIS, Köln
292–297	Büro dt8, Köln
298–300	Harald Jochums, Duisburg
301	Archiv Braas, Oberursel
302, 303	Harald Jochums, Duisburg
304–309	Monique Heintz-Hermann, Wien
310–313	Klaus Frahm, Hamburg
314–316	Thomas Hampel, Hamburg
317	Klaus Frahm, Hamburg
318–321	Büro Schindel und Kahle, Hamburg
322–330	Büro Bauer, Karlsruhe
331–333	E. O. K. Simon
334–343	Büro Dirk Medenwaldt und Rainer Martin, Münster
344–355	Ottmar Schnee, Eschborn
356–362	Michael Wortmann, Dortmund